旅游产业发展与管理创新

张 敏 吕 晋 谢林志 著

汕头大学出版社

图书在版编目（CIP）数据

旅游产业发展与管理创新 / 张敏，吕晋，谢林志著
. -- 汕头 ： 汕头大学出版社，2022.11
ISBN 978-7-5658-4855-1

Ⅰ．①旅… Ⅱ．①张… ②吕… ③谢… Ⅲ．①旅游业
发展－研究②旅游业－经营管理－研究 Ⅳ．① F590.3
② F590.6

中国版本图书馆 CIP 数据核字（2022）第 222330 号

旅游产业发展与管理创新
LÜYOU CHANYE FAZHAN YU GUANLI CHUANGXIN

作　　者：张　敏　吕　晋　谢林志
责任编辑：黄洁玲
责任技编：黄东生
封面设计：刘梦杏
出版发行：汕头大学出版社
　　　　　广东省汕头市大学路 243 号汕头大学校园内　邮政编码：515063
电　　话：0754-82904613
印　　刷：廊坊市海涛印刷有限公司
开　　本：710mm×1000 mm　1/16
印　　张：10.75
字　　数：182 千字
版　　次：2022 年 11 月第 1 版
印　　次：2023 年 2 月第 1 次印刷
定　　价：46.00 元
ISBN 978-7-5658-4855-1

前　言

伴随着我国经济的快速发展，人们可支配的收入和时间日益增多，根据我国当前社会发展的情况来看，旅游产业已经成为我国的朝阳产业，在经济发展中起到了巨大的推动作用。而随着社会经济发展和消费结构升级，创新成为重塑旅游产业的重要力量，重视创新驱动是旅游产业高质量发展的内在要求，旅游产业亟需从资源、资本等初级要素驱动向高技术、高素质人力资本驱动转变，实现"旅游+"可持续性发展。

本书以"旅游产业发展与管理创新"为选题，探讨相关内容。第一章是旅游的基本认识，阐述旅游的产生与发展、旅游活动的要素与类型、旅游的本质与属性；第二章解读旅游产业项目及其发展，内容包括旅游产业的相关知识、旅游产业项目规划与建设、旅游产业项目的运营、旅游产业的发展趋势；第三章为旅游产业与区域经济发展研究，内容涉及旅游经济与区域经济的时空关系、旅游产业影响下的区域经济差异协调、基于区域旅游产业经济绩效的提升策略；第四章分析现代化技术对旅游产业的影响，内容涵盖信息技术对旅游产业创新的影响、移动支付技术对旅游产业的影响、移动电子商务对旅游产业链的影响；第五章论述旅游产业的发展保障与创新实践，主要包括旅游产业的综合保障、智慧旅游产业的发展、旅游产业的创新实践；第六章是旅游管理的创新发展理念与途径研究，内容涵盖旅游管理的创新发展理念解读、旅游管理体制创新及新模式。

本书体系完整、视野开阔，层次清晰，从旅游、旅游产业项目与发展、旅游管理等方面，探索旅游产业与管理的新方向与发展。

　　笔者在撰写本书的过程中，得到了许多专家、学者的帮助和指导，在此表示诚挚的谢意。由于笔者水平有限，加之时间仓促，书中所涉及的内容难免有疏漏之处，希望各位读者多提宝贵意见，以便笔者进一步修改，使之更加完善。

目　录

第一章　旅游的基本认识 ……………………………………………… 1

　　第一节　旅游的产生与发展 ……………………………………… 1

　　第二节　旅游活动的要素与类型 ………………………………… 5

　　第三节　旅游的本质与属性 ……………………………………… 11

第二章　旅游产业项目及发展 ……………………………………… 13

　　第一节　旅游产业的相关知识 …………………………………… 13

　　第二节　旅游产业项目规划与建设 ……………………………… 25

　　第三节　旅游产业项目的运营 …………………………………… 29

　　第四节　旅游产业的发展趋势 …………………………………… 38

第三章　旅游产业与区域经济发展研究 …………………………… 41

　　第一节　旅游经济与区域经济的时空关系 ……………………… 41

　　第二节　旅游产业影响下的区域经济差异协调 ………………… 42

　　第三节　基于区域旅游产业经济绩效的提升策略 ……………… 51

第四章　现代化技术对旅游产业的影响 …………………………… 58

　　第一节　信息技术对旅游产业创新的影响 ……………………… 58

第二节　移动支付技术对旅游产业的影响 ……………………… 68

第三节　移动电子商务对旅游产业链的影响 …………………… 72

第五章　旅游产业的发展保障与创新实践 ……………………… 82

第一节　旅游产业的综合保障 ……………………………………… 82

第二节　智慧旅游产业的发展 ……………………………………… 92

第三节　旅游产业的创新实践 …………………………………… 108

第六章　旅游管理的创新发展理念与途径研究 ……………… 125

第一节　旅游管理的创新发展理念解读 ……………………… 125

第二节　旅游管理体制创新及新模式 ………………………… 145

结束语 …………………………………………………………………… 163

参考文献 ………………………………………………………………… 164

第一章　旅游的基本认识

旅游即旅行游览活动，是非定居者的旅行和暂时居留而引起的一种现象及关系的总和。本章对旅游的产生与发展、旅游活动的要素与类型、旅游的本质与属性进行论述。

第一节　旅游的产生与发展

一、古代旅游

古代促使人们外出旅游的主要原因是进行产品交换和易货经商。如在商代，生产效率的不断提高带来了剩余劳动产品的增加，以交换为目的的生产规模的扩大，商人在不同地域间进行着商品的交换，以贸易经商为主要目的的旅行活动有了很大的发展。

社会经济的发展、交通条件的改善、旅游设施的出现为中国封建社会时期旅行活动的扩大发展提供了必要的经济基础和便利条件。在这一时期，旅行活动的规模和开展范围无疑都有了很大发展，并且旅游类型也多种多样。除了以隋炀帝和清乾隆帝为代表的帝王巡游之外，以李白、杜甫为代表的诗人漫游，以张骞、郑和为代表的公务旅行，以徐霞客、李时珍为代表的科考旅行等，都是其中的典型。但是，这一时期，最为常见并且数量最多的旅行活动依然是商人的商务旅行。

总之，19世纪以前旅行活动发展的特点包括：①旅行活动的发展与当时的社会政治经济环境直接相关。在社会安定、生产力发展、经济繁荣的时期，旅行活动的规模和范围也会随之扩大。②旅游目的逐渐有了新的发展和扩大，但以经济为目的的旅行活动一直占主导地位。虽然以休闲为目的的旅行活动在封建社会后期得到了大发展，但是，在规模上占主导地位的始终是商务旅行。③客源构成呈现多元化趋势，但是统治阶级及其附庸一直是消遣性旅行活动的主要参加者。

二、近代旅游

世界近代旅游始于19世纪中期，它上承古代旅游，下启现代旅游，在世界旅游史上占有极其重要的地位。在这一发展阶段中，旅游者，尤其是远距离旅游者，所依赖的交通工具主要为机器动力；旅游者的食宿接待主要为宾馆、饭店；旅游的中介机构，如旅行社以及其他为游客服务的人员、业务等已经出现；旅游的目的主要以消遣度假旅游为主；旅游活动的范围开始突破国内的界限扩展到国际舞台。

（一）工业革命推动旅游转化

随着工业革命的步步深入，旅游交通的根本性改变和社会生产力空前提高，旅游迈入了一个崭新的时代，在很多方面都开始具有了今天意义上的旅游特点。工业革命给人类社会经济带来了一系列的变化，也给发展中的世界旅游带来了巨大的影响，促进了古代旅游向近代旅游的根本转变。

第一，工业革命推动了科学技术的进步。蒸汽火车、蒸汽轮船等的使用使得大规模的人员流动成为可能，从而成为推动近代旅游活动规模扩大的技术原因。

第二，工业革命加速了城市化的进程。这一变化最终导致人们希望适时摆脱城市生活的紧张节奏和拥挤嘈杂的环境压力，从而产生对回归自然的追求。

第三，工业革命带来了阶级结构的变化。工业革命使社会生产的财富越来越多地流向了资产阶级，从而有效地扩大了在财力和时间条件方面有能力参加旅游活动的人数。

第四，工业革命改变了人们的工作和生活方式。工业革命改变了人们的工作和生活方式，有助于释放潜在的旅游需求，促进近代旅游，尤其是休闲旅游的发展。总之，工业革命对世界旅游产生了多方面的影响，这些影响综合在一起，形成了一种合力，最终促成了世界旅游质的飞跃——世界近代旅游的诞生。

（二）旅游产业的诞生

工业革命促进了社会生产力空前提高，给人类社会带来了社会经济的繁荣和巨大财富，铁路使更多的人开始有能力支付旅行费用。如1841年7月5日，托马斯·库克以包租火车的方式，组织了一次火车团体旅游，目的是参加当地举行的禁酒大会。这次活动规模空前，参加者来自社会各行各业，共570人，每人付往返票价1先令，其往返行程24英里。因此，这次火车团体旅游成为了近代旅游及旅游行业开端的标志。

第一，活动规模大、具有较为广泛的公众性。与之前的活动不同，这次活动的参加者来自各行各业，甚至包括家庭妇女。他们为了参加这次活动而聚集到一起，活动结束后便离去，不再有什么联系。这与现代旅行社组织的旅游团的情况基本相同。

第二，由专人领队和陪同。火车团体旅游从始至终有随团陪同照顾，这可以说是现代旅行社领队和全程陪同的最早体现。因此，这种随团照顾便具有重要意义。

第三，火车团体旅游为旅行社的建立积累了经验。火车团体旅游的成功为以商业经营目的的团体消遣旅游作了铺垫，从考察线路、组织产品、广告宣传、销售组团，再到陪同和导游，体现了当今旅行社的基本业务，开创了旅行社业务的基本模式。

三、现代旅游

现代旅游的产生与发展是基于经济与科学技术的革命性发展。1945年后，经济的发展使得众多国家居民的家庭平均收入迅速增加，人们收入的增加和支付能力的提高对旅游的迅速发展和普及无疑起到了极其重要的刺激作用。加上各国政府在实践中认识到，旅游也是人类的社会基本需要之一。因此，随着大众旅游的兴起，几乎所有国家的政府都先后在不同程度上支持和推动本国旅游产业的发展，采取了各种有利于旅游产业发展的干预政策。

科学技术的革命性发展，使原子能、空间技术和电子计算机广泛使用，它的直接结果是使得各产业生产过程的自动化程度不断提高并且日益普及，而自动化程度的提高则大大提高了生产效率，增强了人们对外界的求知欲。而且，航空交通工具的运用缩短了旅行的时间和距离，使得人们旅游开支中旅行费用的减少成为可能。

现代旅游的特点主要表现在三个方面：①活动开展的普及性。活动开展的普及性是指其参加者的范围已经扩展到普通劳动大众，并且已经具有规范化旅游模式。②空间分布的地理集中性。随着现代科学技术的发展和交通运输工具的进步，各地空间方面的时间距离不断缩小，旅游跨度增加。旅游空间分布的地理集中性有助于指导旅游设施和旅游企业经营地点的选址，有助于指导目的地旅游规划和旅游管理工作。③时间分布的季节性。现代旅游的季节性非常突出，因此认识到现代旅游活动季节性的特点具有重要的现实意义，主要表现在认清季节性对旅游产业经营的危害，通过分析季节性的原因，建设和宣传适合全年来访的旅游目的地。注重旅游产品线的开发和优化，着重打造淡季旅游产品。

四、后现代旅游

后现代旅游是对现代旅游的合理继承和扬弃。它实现了从商业化向个人生命体验的回归。它以环境为背景或是更加关注环境，本身就具备可持续的特性，旅游产业进入一个全新的时代。

后现代旅游是一种有生命力的、新的旅游形式，这类旅游流行于青年、退休人员、探险者、文体工作者等社会群体中。其核心意识是从商业化的旅游向生命体验的回归，以满足为主的现代旅游是以体验性、探索性、求知性为基本诉求的新型旅游。后现代旅游应当是一种新的生活方式，是第二生活空间，与自然、他人、历史文化接触如同日常工作、学习，是生活的必需品。

中国后现代旅游产业的特征如下：

（一）突出服务功能

旅游企业从前台退到幕后，为游客提供票务、信息、住宿等服务，而不干涉游客的旅游活动。这样一来，旅游企业的服务质量因为专业化而得到提升，游客有了更多的主动权。后现代旅游在此双重动力的推动下，发展将更为迅速。

（二）加强信息流动

信息的流动不仅包含旅游者相互之间的交流，还包括了游客与旅游企业、旅游安全保障部门、旅游目的地居民的互动。加强信息流动，减少信息不对称，可以提高旅游服务的质量，减少旅游安全隐患，促进游客与当地人的和谐相处。同时，旅游者在不断的交流中，能加深彼此了解和认同，在思想的交锋中，创造出更多新奇的后现代旅游方式。这就要求互联网、手机、GPS等现代信息工具的广泛应用，从而促进旅游信息产业的发展。

（三）发展旅行装备产业

后现代旅游主动性、自主性很强，决定了旅游装备需求量增加。未来的社会，人将有两套生活设备：①家庭—职场生活空间的用具装备。②户外旅游装备。户外旅游装备包括专用的背包、帐篷、车辆等，装备的市场前景看好。这些产品将延长旅游产业价值链，为旅游企业创造更多增值机会。

第二节　旅游活动的要素与类型

一、旅游活动的主要要素

（一）旅游活动的主体

旅游活动的主体即旅游活动的施动者，因此这一主体即是旅游者。但并非任何个人都可以无条件地成为现实的旅游者。就个体旅游需求的产生和实现而言，只有当一个人同时具备外出旅游的主观意愿和实现这一意愿的客观条件时，才有可能形成旅游需求，成为现实的旅游者。

（二）旅游活动的客体

旅游活动的客体即旅游活动的对象，因此这一客体是既能够吸引旅游者来访又使其来访目的得以实现的旅游吸引物或旅游资源。旅游资源不仅是旅游者来访活动的对象物，而且是一个国家或地区能够吸引旅游者前来光顾的根本基础。对于一个旅游目的地来说，虽然旅游服务的质量状况可以助长或削弱该地对旅游者的吸引力，但该地旅游吸引力的本源永远是当地的旅游资源。

（三）旅游活动的中介体

旅游活动构成要素中，旅游产业是旅游活动的中介体。旅游产业把旅游者和旅游资源联系在一起，使旅游活动顺利开展，成为实现旅游活动的条件和手段。旅游产业是旅游发展的产物，也是旅游发展的推动者。

二、旅游活动的类型

（一）根据旅游的区域划分

1.国内旅游

国内旅游是指人们在居住国境内开展的旅游活动，是旅游者在其居住国境内，离开常住地到其他地方进行的旅游活动。国内旅游又可以根据旅游活动范围的大小，划分为地方性旅游、区域性旅游、全国性旅游三种形式。

（1）地方性旅游

地方性旅游一般是当地居民在本区、本县、本市范围内的旅游。这实际上是一种短时间、近距离的参观游览活动，多数和节假日的娱乐性活动相结合，时间短、活动项目少，常是亲朋好友或家庭、小集体自发组织的旅游方式。其特点是：时间短，距离近，花费少。

（2）区域性旅游

区域性旅游指离开居住地到邻县、邻市、邻省进行的旅游活动。

（3）全国性旅游

全国性旅游是跨多个省份的旅游，主要是指到全国重点旅游城市和具有代表性的著名风景胜地的旅游活动。

国内旅游的特点包括：①旅途相对较短，所需时间较短，支出费用较低；②不需办理繁杂的手续，旅游者一般没有语言障碍；③参与的人次数远比国际旅游的人次多。

2.国际旅游

国际旅游指一个国家的居民跨越国界到另一个或几个国家或地区进行的旅游活动。根据国际旅游的范围大小，国际旅游可分为跨国旅游、洲际旅游和环球旅游三种具体形式。

（1）跨国旅游

跨国旅游是指离开居住国到另一个国家或多个国家进行的旅游活动，以不跨越洲界界限。

（2）洲际旅游

洲际旅游是指跨越洲界而进行的旅游活动。这种旅游受制约的因素较多，如航空工业的发展状况、语言障碍等。

（3）环球旅游

环球旅游是指以世界各洲的主要国家（地区）的港口风景城市为游览对象的旅游活动。

按照在旅游目的地国停留时间的长短，国际旅游又可以分为过夜的国际旅游和不过夜的国际一日游。国际旅游的特点包括：①旅途长，所需时间多，支出费用高；②一般需办理烦琐的手续，旅游者可能还会遇到语言、货币、礼仪、生活习惯不相同等障碍；③发达国家的国际旅游人次比不发达国家多。

（二）根据旅游的目的划分

1.观光旅游

观光旅游不仅是人类早期的旅游形式，也是目前国内外较为普遍的旅游形式。观光旅游是指旅游者到异国他乡游览自然山水、鉴赏文物古迹、领略风土民情，从中获得自然美、艺术美、社会美的审美情趣，以达到消遣娱乐、积极休息和愉悦身心的目的。这种游山玩水式的旅游方式，能够给旅游者带来回归自然和精神上自由解放的体验和感受，能够满足旅游者最基本的旅游需求，达到扩大视野、增长知识、调节身心的目的。观光旅游在层次和深度上因人而异，有些旅游者喜欢的是蜻蜓点水般的走马观花；有些旅游者则观察得相对深入细致，体悟感受也深刻一些。

观光旅游具有的特点包括：①观光范围广。观光的内容不仅有自然风光，而且包括历史古迹、文化名胜、民族风情等。②适应性强。无论男女老幼，无论何种职业、何种身份的人，都适宜进行观光旅游，观光旅游具有大众性。③参与性较低。在旅游层次上，属初级阶段的旅游，可供旅游者参与的机会较少，参与的程度较低。④接待方便。观光旅游者在旅游景区（景点）停留的时间较短，也没有什么特殊要求，接待服务比较简单方便。

2.度假旅游

度假旅游是人们利用假期（特别是带薪假期）休息、疗养而进行的旅游活动。"度假旅游作为一种具有丰富旅游产品的产业，不仅为人们提供休闲、娱乐场所，带来回归本心、陶冶情操的旅游体验，也体现了区域特色。"[1]

随着现代生活节奏的加快，人们开始利用带薪假期去海滨、海岛、山地、森林、温泉度假村等可以舒缓身心的地方进行休整、疗养旅游。近年来，城市附近的乡村、度假村也成了广受欢迎的度假好去处。

3.购物旅游

购物旅游是以去异地异国购物为主要目的的旅游活动。这种旅游活动的发展与社会经济发展和人民生活水平提高息息相关。购物旅游具有以下特点：

（1）实物性

一般旅游产品有一个很重要的特点，就是旅游者花了精力、金钱和时间，买来的是无形的产品——感受。而购物旅游中有形的商品占了很大一部分，旅游者通过购物来满足其心理需求，体验购物带来的快乐。当旅程结束，旅游者买回了许多实物性商品，同时还有讨价还价的成就和快乐的回忆。

（2）购物旅游的费用具有不确定性

因为旅游者的爱好、经济实力等不同，他们最后购买的商品在数量、质量上都不尽相同。

（3）旅游者具有更大的主动权

在其他的旅游类型中，旅游者一般是在导游的带领下进行各种旅游活动。而购物旅游就有很大的不同，虽然说购物场所是事先设定的，但是旅游者对商品的选择和购买，是由自己决定，具有更大的自主权，同时能带给旅游者更放松的游玩心情。

4.保健旅游

保健旅游是特定人群为治疗某种慢性疾病以及老年人避寒避暑而进行的旅游

---

[1] 游庆军.我国当代度假旅游发展研究[J].西部旅游，2021（2）：29.

活动。老年人可以冬季为避寒、夏季为消夏避暑，选择热带具有温暖阳光、森林的度假村及凉爽山地等进行避寒及消夏避暑。

保健旅游具有的特点包括：①旅游者主要以老弱病者为主，旅游目的地主要是温泉、森林度假村、滨海和阳光地带；②时间较长，一般少则2～3个月，多则半年或1年；③消费较多，除交通餐饮，还有住宿和医疗费等。

5.生态旅游

生态旅游是以自然、生态资源为依托，以增强环境意识和保护生态为核心的旅游活动。生态旅游具有以下特点：

（1）以大自然为舞台，通过旅游考察观赏、探险，认识自然规律，增强环境意识，促进生态平衡。

（2）开发旅游景区时，以生态学思想为设计依据，以保持生态系统完整为原则，达到旅游和环境的和谐与可持续发展。

（3）重视地方居民利益和保护环境是生态旅游的核心。它是旅游发展的高级产物，品位高雅，具有丰富的文化和科学的内涵。

6.修学旅游

修学旅游是以研修异国他乡的文化、学习特定知识并获得生活体验为主要目的的旅游活动。修学旅游作为学生素质教育的重要组成部分，其特点包括：

（1）旅游主体以青年人为主

因为青年人具有好奇性、冒险性、挑战性，并具有高科技知识和绿色环保意识。

（2）教育和旅游的功能统一

修学旅游突出"学"字，做好"游学相融"。对于旅游者来说，修学旅行内容丰富多彩，直面社会、历史、人生，寓教育于游览、娱乐之中，开阔了视野，丰富了经历，强健了体魄，增进了旅游者的社会经验。

（3）参与性极强

修学旅游突出一个"学"字，要求旅游者在旅游的过程中，通过参加交流会、讲座和参观活动等，要游有所学，学有所获。

（4）旅游者对物质要求不高

修学旅游者更注重精神上的享受与收获，在吃住上都侧重于经济型。

7.探险旅游

探险旅游是一种富于挑战性和自我牺牲精神的旅游活动。它的最大特点在于具有使命感和成就感，令旅游者不顾一切艰难险阻完成旅游活动。探险旅游具有的特点如下：

（1）对刺激的追求

旅游者加入探险活动的首要动机是追求刺激感，而不是追求具体的冒险活动。

（2）市场份额小

探险旅游是较高层次的旅游，产品的市场份额远不及传统旅游。

（3）具有专业性

探险旅游的性质和环境条件决定了组织者的特殊性和专业性。

8.事务旅游

事务旅游可以分为：公务旅游、商务旅游、个人和家庭事务旅游。

（1）公务旅游

公务旅游是指政府机关、事业单位因公外出和在公务之余进行的旅游活动。这种旅游活动的特点包括：多采取团体形式、专业性强、消费水平高，影响大。

（2）商务旅游

商务旅游是商务活动和旅游相结合的旅游形式，主要目的是经营商务，利用余暇时间进行旅游活动。商务旅游具有的特点：消费水平高、重复率高，对服务设施和服务质量要求高。

（3）个人和家庭事务旅游

个人和家庭事务旅游是以探亲访友、出席婚礼、寻根访祖、参加开学典礼等处理个人家庭事务为目的而进行的旅游活动。寻根问祖、探亲访友旅游是其中最主要的类型。个人和家庭事务旅游具有的特点包括：注重性价比、注重季节性。

9.会展旅游

会展旅游是人们借会展而进行的旅游活动。会展的内容很广泛，包括工业产品会展、农业产品会展、商品会展等，这些会展都带有交易和贸易的性质。会展旅游具有的特点包括：①高投入。②高收入、高盈利，带动作用强。③重服务。会展服务的好坏直接影响一个国家和地方的形象，所以场馆设施完善程度、对外宣传、便利程度、过程安排及总体服务水平和质量都受到重视。④重管理。会展作为国家或地方的经济和贸易的重要环节，历来受到各国政府和地方政府的重视。

第三节　旅游的本质与属性

一、旅游的本质

"旅游从本质上说，是人类的一种文化活动，也是一种经济活动。"[1]它是由旅游的目的决定的，贯彻在整个旅游过程中，体现在旅游者的具体行为上，成为决定旅游者行为的根本力量。旅游的本质是在生活世界中显明的，我们不仅要回到旅游本身，同时还要回到生活世界。人需要生活，生活会带来"烦忙"；人通过旅游从"烦忙"的日常生活世界逃离，寻求真实世界，这是人的存在本质。因而，旅游的本质是使远方走近自己而相遇，寻找到自我，寻找到日常生活的价值之所在。

旅游走向远方是人存在于世界上的本性。现实生活的世界也即"烦忙"的世界，它是依靠"去远方"来验证其存在的价值的，这就是旅游的根本意义，就是人在旅游中去追寻真实的世界、追寻存在的意义、追寻自我的价值。旅游有双重意义：①为了寻找到自我，获得诗意的栖居；②为了反过来验证人的日常生活的存在意义。

二、旅游的属性

（一）社会属性

旅游的经济属性，不仅因为审美意识作为旅游的前提条件而社会性地存在，而且在不同的社会条件下，人们的旅游需要还表现为受时代的强烈社会

---

① 万童蛟.旅游类影像产生的"凝视"效应[J].视听，2018（12）：203.

影响。

（二）消费属性

消费活动是出于维持个体生存、保证劳动能力的再生产乃至实现个人社会发展等目的而对生产活动的成果的耗用。旅游在其全过程中不向社会也不为旅游者个人创造任何外在的可供消费的资料，相反，却消耗着旅游者以往的积蓄和他人的劳动成果。旅游消费确有大不同于日常消费之处，突出地表现在重视精神内容、追求愉悦体验，甚至在某些方面表现出对日常生活消费的畸变，而这些均决定于旅游的本质以及旅游所具有的外部特征。

（三）休闲属性

第一，旅游的目的表现为借助各种可以娱情悦性的活动达到愉悦体验。这显然区别于为谋生而进行的劳动，也不同于为维持生存而必须从事的活动，如睡眠、吃饭、操持家务等，与出于社交目的而进行的应景往来也有区别。在旅游的全过程中，总是自然天成的随意性和畅神怡情的目的性占据着主导地位，表现出与一切休闲行为相一致的基本品性。

第二，旅游是发生于自由时间或余暇当中的行为。自由时间有四种存在状态，即每日余暇、周末公休日、公共假日和带薪假期。自由时间的规定性是厘定旅游与其他一些旅行现象之间的界限的一个关键性的尺度。与其他休闲方式相比，旅游在使用自由时间时有一个明显的特点，即要求用于旅游的自由时间的相对完整性。

第三，从旅游的活动构成上看，旅游这种休闲行为实际上又是众多的休闲活动的再组合。旅游者在目的地停留期间，除了吃、喝、拉、撒、睡这些满足生理需要的活动之外，所有其他活动几乎是休闲行为，包括观光、游览、与人交往、看电视、听广播和音乐、阅读书报、聊天、室内消遣、体育锻炼、观看节目演出、参加俱乐部活动等。与日常休闲行为相比，旅游过程中所发生的休闲行为的特殊性就体现在旅游的异地性当中。换言之，旅游这种休闲活动与日常休闲活动的差异在于，旅游休闲被嵌入一种完全新奇、异样甚至陌生的环境当中，这种异地性的嵌入，使某种休闲活动变成了旅游，获得了不同于日常休闲的品质，即旅游的品质。

第二章 旅游产业项目及发展

旅游产业项目是为旅游活动，或以促进旅游产业目标实现而投资建设的项目。从策划到运营，需要不同环节的紧密配合。本章对旅游产业的相关知识、旅游产业项目规划与建设、旅游产业项目的运营、旅游产业的发展趋势进行论述。

第一节 旅游产业的相关知识

旅游产业是一个由旅行社、旅游饭店、旅游交通、旅游景区等诸多业态构成的综合性产业。其中旅行社、旅游饭店和旅游交通被称为现代旅游产业的三大支柱。旅游产业这些供给部门的发展程度都对旅游产业总体发展水平产生重要影响。

一、旅游产业的特点

"在我国各大产业的发展过程当中，旅游产业作为我国第三产业的重要组成部分，是当前发展迅速的重点产业之一。"[1]旅游产业是以旅游资源为依托，以旅游者为对象，有偿为其旅游活动创造便利条件，并由为旅游活动提供所需产品和服务的行业和部门所组成的综合性产业。旅游产业作为一个新兴的产业，具有许多不同于其他产业的特点。

---

[1] 王丹.旅游产业对经济发展的作用研究[J].西部旅游，2022（5）：19.

（一）综合性产业

旅游产业是一个综合性的产业，这是由旅游者需要的多样性决定的。旅游产业为旅游者提供了包括食、住、行、游、购、娱等方面的服务，需要多方协助，相关的行业相对独立，又相互依存、相互促进，为满足旅游者的需要形成的一个集合体。旅游是综合性产业，是拉动经济发展的重要动力。基于此，我国提出"旅游+"战略，充分发挥旅游产业的拉动力和融合能力，为相关产业和领域发展提供旅游平台，插上"旅游"翅膀，形成新业态，提升其发展水平和综合价值。同时，"旅游+"也有效地拓展旅游产业自身发展空间，推进旅游产业转型升级。

（二）敏感性产业

旅游产业综合性较强，涉及面较广，所以旅游产业具有高度的敏感性。与其他产业比起来旅游产业更容易受到来自外部和内部各种因素的影响和制约。从旅游产业的外部环境看，各种自然灾害、国际形势的变化、政治风云的变化，都将直接或间接地影响旅游产业。从内部环境来看，在为旅游者提供服务时，需要在时间上有精确的准备，在旅游活动的内容方面有周到细致的计划，各个服务环节需要紧密衔接。任何一个环节出现差池，都会对整个旅游产业的供给造成影响，从而最终影响经济效益。

（三）涉外性产业

旅游产业有较强的涉外性，这主要是通过国际旅游来体现的。一国在从事旅游活动的过程中，既接待外国旅游者也组织国内居民出境旅游。从政治的角度来看，旅游是民间外交的一种良好形式，通过旅游活动，国家与国家之间可以增进了解，同时也增进了各国人民之间的友谊，维护世界和平。所以从这个角度来说，旅游产业是外事工作的一部分。

旅游企业在设计产品时，就要考虑到国内国外旅游者的需求，面向市场时，除了国内竞争也要考虑国际社会的竞争对手；从旅游者的角度来看，由于各国的社会制度、政治信仰和社会生活方式不同，要求旅游者能尊重各国各民族的信仰和习俗。

（四）劳动密集型的服务性产业

旅游产业的中心就是为旅游者提供直接服务。旅游活动的整个过程，都离不开具体旅游企业所提供的服务。因此，旅游产品中无形的服务更为重要。根据国际旅游产业的发展现状，旅游部门每增加一名服务人员，社会就要增加五名间接服务人员相配套。从这个角度看，旅游产业具有吸纳就业人数多、提供劳务为主的特征，在全部营业成本中工资成本所占比重较高。因此，旅游产业是劳动密集型的服务产业。

二、旅行社

旅行社是指从事招徕、组织、接待游客等活动，为游客提供相关旅游服务，开展国内旅游业务、入境旅游业务或出境旅游业务的企业。

（一）旅行社的作用

1.旅游产业的中枢

旅行社在现代旅游产业中处于中枢地位，发挥着纽带作用。一方面，旅行社通过自身的经营活动，使旅游供应部门聚集到以旅行社为中心的旅游服务系统中，有利于更好地为旅游者服务。同时，旅行社利用旅游咨询、旅游产品促销等一系列经营活动，将旅游服务供应部门与旅游消费者联系起来，成为沟通旅游生产与旅游消费的桥梁和纽带。另一方面，旅行社具有将旅游推向大众化的重要促进作用。

旅行社不仅可以向旅游者提供专业化的信息，帮助旅游者作出正确选择，实现旅游消费的愿望，而且还可以提供专业化服务，使旅游者在满足安全需要的前提下，实现旅行时间和金钱的价值最大化，为旅游者购买旅游产品提供专门渠道，让旅游者获得满意的服务，从而吸引更多的人参加旅游活动，加快大众旅游的发展进程。

2.旅游活动的组织者

从旅游产业供给角度看，旅游活动涉及很多方面，不仅涉及食、住、行、游、购、娱等旅游服务供应部门和企业，还涉及海关、边检、卫生检疫、外事、侨务、公安、交通管理和旅游行政管理等政府机关。旅行社的主要任务之一就是把旅游企业的各类旅游产品和服务组合成各种各样的产品形式，适应不同旅游者多样化的需求。其主要工作内容就是编排旅游行程，采购旅游服务并组合成旅游产品，供旅游者选择和消费。

从旅游者需求角度看，特别是对团队旅游而言，旅行社起着旅游活动组织者的作用。人们只要选定旅游目的地，其他活动则由旅行社负责组织安排。旅行社不仅为旅游者组织旅游活动，而且还起着协调旅游产业各有关部门和其他相关行业的作用，保障旅游者在旅游活动各环节的衔接与落实。

3.旅游产品的销售者

旅游交通运输部门、住宿部门等虽然也直接向旅游者出售自己的产品，但相当数量的产品是通过旅行社销售的。旅行社以低于市场价格从饭店、交通、景点及其他旅游企业和旅游服务供应部门购买旅游者所需要的各种服务项目，形成旅行社产品的生产要素，再对这些要素进行不同的设计组合，最后加上旅行社提供的旅游服务内容，形成系列化的特色产品。旅行社把旅游者所需要的产品和服务集中起来，一次性地销售给旅游者，使旅游者不需要耗费精力和体力去逐个解决旅游活动中的基本需要，有效地为旅游者解决出行的许多麻烦和困难，为他们节省大量时间和精力。

（二）旅行社的业务

1.根据经营范围划分（以我国旅行社为例）

（1）境内旅游

境内旅游是指在我国领域内，除港、澳特别行政区以及台湾地区之外的地区进行的旅游活动。

（2）出境旅游

出境旅游是指中国居民前往其他国家或地区，赴港、澳特别行政区旅游；中国居民前往台湾地区旅游；在中国的外国人、无国籍人，在港、澳特别行政区居民和台湾地区居民前往其他国家或地区旅游。

（3）边境旅游

边境旅游是指经批准的旅行社组织和接待我国及毗邻国家的公民，集体从指定的边境口岸出入境，在双方政府商定的区域和期限内进行的旅游活动。

（4）入境旅游

入境旅游是指其他国家或地区的旅游者来中国境内旅游，港、澳特别行政区旅游者来内地旅游，台湾地区旅游者来大陆旅游。实践中，对在中国境内长期居住的外国人、无国籍人和港、澳、台居民在境内旅游也作为入境旅游管理。

2.根据业务项目划分

（1）营销业务

旅行社要开展市场调研，了解旅游者的旅游动机并做有针对性的设计、开发旅游产品，然后通过有效的市场营销工作把产品销售出去。同时，旅行社要与各个相关单位、部门之间保持良好关系，保证营销渠道的畅通。

（2）计调业务

计调就是计划和调度。计调部门是旅行社工作的核心部门。计调业务是旅行社在接待工作中为旅游团安排各种旅游活动所提供的间接服务，包括食、住、行、游、购、娱等事宜，选择旅游合作伙伴，派遣导游，编制下发旅游接待计划、旅游预算等。旅行社计调具有计划、收集、选择、签约、协调、联络、统计和创收八大职能。

（3）接待业务

旅行社的接待工作过程，主要就是导游服务过程，同时也离不开旅游产业其他部门（如交通、票务等预订服务）的通力保障。

三、旅游饭店

旅游饭店是以接待型建筑为依托，为旅游者提供住宿、餐饮及其他服务的商业性服务企业，常被称作旅游者的家外之家。旅游饭店是旅游产业的重要支柱之一，是一个国家或地区发展旅游产业必不可少的物质基础。

（一）旅游饭店的作用

1.旅游产业发展的重要物质基础

旅游饭店是衡量该国或地区旅游产业发展水平和接待能力的重要标志。实践证明，经济发达的国家，其旅游产业物质基础厚实，发展水平较高，其饭店业也很发达。旅游饭店不仅是较为理想的食宿场所，还为广大旅游者提供文娱、社交、购物、保健的物质条件。尤其是高等级旅游饭店，可以满足旅游者高消费的需求，其本身也是一项有强大吸引力的旅游资源。

2.旅游创收的重要渠道

旅游饭店是地区旅游经济的主要收入来源，旅游饭店多元化的发展方向和趋势是旅游产业整体经济效益提高的重要因素。现代饭店具有集住宿、餐饮、娱乐、美容美发、保健、社交、购物等于一体的综合服务设施。饭店舒适的消费环境使服务项目收费较高。所以，饭店是旅游产业经济收益的一个重要渠道，其营业收入往往在旅游产业总收入中占有相当的比重。

3.提供大量的就业机会

旅游饭店是典型的劳动密集型企业，岗位多、功能全的综合性饭店本身就能吸纳不少社会劳动力。旅游饭店的发展又会带动和促进与其经营相关的许多行业的发展，间接为社会创造更多的劳动就业机会。一般来说，旅游饭店每增加一间客房，就会为社会提供1～3个直接就业岗位，3～5个间接就业机会。饭店已成为社会就业的重要渠道。

（二）旅游饭店的类型

1.根据特定细分市场划分

（1）公寓饭店

公寓饭店就是位于饭店内部，以公寓形式存在的酒店套房。这种套房的显著特点在于：它类似于公寓，有居家的格局和良好的居住功能，有厅、卧室、厨房和卫生间；它配有全套家具家电，能够为客人提供酒店的专业服务，如室内打扫、床单更换及一些商务服务等。

（2）汽车旅馆

汽车旅馆与一般旅馆最大的不同点在于，汽车旅馆提供的停车位与房间相连，一楼作车库，二楼为房间，这样独门独户为典型的汽车旅馆房间设计。汽车旅馆的主要客源是驾车旅游者，主要分布在公路沿线汽车出租率较高的地方或者交通中心。汽车旅馆的设施简单但设计规范，消费水平较低。

（3）青年旅舍

常称为青年旅馆，提供旅客短期住宿，尤其鼓励年轻人从事户外活动以及文化交流。青年旅舍通常不像饭店那么正式，价格也比较低廉，是预算有限的自助旅游者及背包族最常考虑的住宿地点之一。

2.根据饭店接待对象划分

（1）商务饭店

以商务旅游者为主，设施齐全，服务功能完善，一般位于城市中心和交通发达地区，客流不受季节影响。

（2）度假饭店

以度假旅游者为主，康乐设施完善，一般位于海滨、山地或温泉等风景区或度假区附近。

（3）会议饭店

以接待会议为主，提供相关服务，会议相关设备完备，有功能齐全的娱乐设施，一般位于大都市中心。

（4）长住饭店

也称公寓饭店，面向住宿时间较长的宾客，多采用家庭式布局，一般签订租约。

（三）旅游饭店发展趋势

1.旅游饭店服务向社交功能化方向发展

经济的发展使社会消费需求得到提高，拓宽了饭店服务功能。饭店经营的服务对象越来越广泛，不再仅仅局限于外地旅行者，还扩大到政府、企事业单位、社会团体等组织和部门。饭店附设的会议厅、餐厅、歌舞厅、咖啡厅、酒吧等以不同风格向客人提供社会交往活动的场所及相关服务。此外，饭店还提供了当地居民进行社交活动的理想场所，他们利用饭店的场地和服务设施开展聚会、婚宴、联谊等活动，已经成为当地公众的社交中心。

2.高科技在旅游饭店服务中的广泛应用

科技带给大家更多的方便性，酒店可以有更多智能的设备，给消费者以便利。未来自助办理入住手续、模组化的房间、整体合一的平板控制面板、App办入住手续、推送优惠券和折扣、移动支付等将会越来越普遍。未来饭店将借助于高科技，大大改善各种设施设备，营造出一种无所不在的人性关怀，在提高客人舒适度的基础上提高客人的满意度。

3.在线旅游平台成为饭店业的强势销售品牌和平台

借助在线旅游平台，旅游者通过网络向旅游服务提供商预定旅游产品或服务，并在网上支付，各旅游主体可以通过网络进行产品营销或产品销售。随着用户群体从PC端向智能手持设备方面的大量转移，以及旅游用户预订习惯的转变，移动在线旅游市场极大改善了用户的消费体验。移动互联在在线旅游平台模式中占据了重要位置。在线旅游平台将会从酒店管理公司那里蚕食、瓜分利润和获得话语权，不思进取、坐吃老本的饭店管理集团将会丧失在客户忠诚度、预订渠道、定价权方面的传统优势。

4.旅游饭店绿色化发展

可持续发展是未来饭店业的方向，今后将会出现大量的绿色饭店、绿色餐厅。可持续发展应从两方面入手：

第一，开发绿色产品，就是在开发饭店的产品时尽可能地节约自然资源，减少化工污染。例如，建设生态建筑，设计时充分考虑与自然环境的协调，采用环保建材，充分利用太阳能等自然能源，采用有机食材烹制绿色食物等。

第二，开展绿色经营，就是将生态环保理念应用于饭店的经营与服务之中，引导客人进行绿色消费。例如，采用绿色环保营销策略来吸引顾客；客房的易耗品采用可反复使用的材料，采用布艺洗衣袋来替代塑料洗衣袋，对拖鞋清洗消毒后重新包装，张贴告示提醒客人尽量使用自带洗漱用品等。

在可持续发展观念的支配下，饭店业将坚持"竞争双赢"理念，即饭店企业在竞争中不是以打败对手为最终目的，而是在和平共处的原则下相互促进，共同合理高质地利用社会资源。

四、旅游交通

旅游交通是指旅游者为了实现旅游活动，借助某种交通工具，实现从一个地点到另一个地点之间的空间转移过程。根据旅游者空间转移的地理范围和旅游过程，可以将旅游交通分为三种空间尺度，即客源地和旅游目的地之间的往返过程，同一旅游目的地内，以及旅游景区中的移动过程。旅游交通的任务不仅是解决旅游者的空间移动问题，更重要的是为旅游者增添旅行游览乐趣，丰富旅游经历。旅游交通是依赖于社会公共交通系统的。

（一）旅游交通的作用

旅游者的旅游活动包括食、住、行、游、购、娱六个方面。"行"指的就是旅游交通。旅游者的旅游活动是在异地进行的，旅游者要通过旅游交通来解决从居住地到旅游目的地的空间转移问题。旅游者到了旅游目的地之后，往来于不同旅游景点之间也要借助旅游交通。旅游产业的发展历史证明，交通发展对旅游产业的发展起着十分重要的作用。

随着生活水平的提高，人们对旅游交通的要求越来越高，人们更愿意选取快速、经济、舒适、具有娱乐条件的旅游交通工具，这在一定程度上使本来无所事事的旅行变为有意义的旅游活动。同时，一些特种旅游交通丰富了旅游活动的内容，如乘坐游轮游历长江三峡、骑骆驼穿越沙漠、乘坐竹筏沿江漂流、乘坐缆车俯瞰美景等，都会给旅游者带来新奇的乐趣。

旅游者在利用旅游交通实现空间转移的同时，必须向相关部门支付一定的费用。因此，旅游交通收入是旅游收入的稳定性来源。从整个旅游者的支出情况来看，用于旅游交通的支出所占的比例是比较大的，一般会占到旅游费用支出的30%～40%。旅游交通费用的多少与旅游者旅行距离的长短，以及所采用的交通工具的类型有关。一般来讲，旅游距离越长，所采用的交通工具越现代化，旅游交通的费用越多；反之，则越少。

旅游产业的发展依赖旅游者的旅游行为。只有旅游者光临旅游目的地，旅游产业的各类设施和服务才能真正发挥作用，才能实现它们的使用价值。旅游交通决定了旅游目的地的可进入性，旅游交通发达，旅游目的地的可进入性强，就会方便旅游者到达以及在不同旅游景区间流动；旅游交通落后，旅游目的地的可进入性差，即使旅游资源再丰富，也会使旅游者望而却步。因此，一个地区在确定发展旅游产业之前，首先要完善必备的旅游交通设施，不要使旅游交通成为制约旅游产业发展的瓶颈。

（二）现代旅游交通体系

1.公路交通

公路交通包括自驾车和旅游公共汽车两种，优点主要包括：①自由灵活，对于自驾车出行的旅游者，可以随意安排出行时间，按照自己的意愿安排旅游行程；②方便高效，乘坐公路交通工具可以直接到达旅游景点，使旅游者少受劳累之苦；③使用公路交通工具可以观赏沿途的美景，充分享受旅游的过程。

2.铁路交通

铁路交通多用于中远程旅游者的运输任务，包括各类普快、特快、动车、高铁等。铁路交通的优点包括：运载能力大、性价比高、专用通道。

3.航空交通

目前，90%以上的大规模长距离旅游位移都是通过航空旅行实现的。航空旅行的优势在于：速度快、时间短、服务质量好、航程远、安全系数高、乘坐舒适。飞机是当今远程旅游中最重要的交通工具，广泛应用于洲际、国际以及各旅游目的地之间的旅游活动中。

4.水路交通

水路交通是最古老的一种交通。轮船具有舒适、经济、运量大、悠闲、线路投资少等优点，对年老体弱和有充裕时间的人来说不失为一种较合适的交通工具。

5.特种旅游交通

特种旅游交通是指除上述四种交通之外的，为满足旅游者某种特殊需求而产生的交通方式。根据其动力原理可分为：机械动力交通工具、自然力交通工具、畜力交通工具、人力交通工具四大类。这些交通工具功能各异，对交通运输起着补充作用。大部分特种交通工具与其说是用于运载，不如说是用于游乐更为合适。因为它们各具特色，有较强的历史和地方风格，更富于娱乐性和享受性。

五、旅游景区

旅游景区是指以旅游及其相关活动为主要功能或主要功能之一的区域场所，能够满足游客参观游览、休闲度假、康乐健身等旅游需求，具备相应的旅游设施并提供相应的旅游服务的独立管理区。旅游景区是旅游活动的核心和空间载体，是激发旅游者出游最重要的因素。旅游产业和旅游服务都是依附于旅游景区的存在而发展的。旅游景区是一个国家和地区自然景观、人文资源的精华，是展示民族文化和人文历史的重要窗口，也是旅游产业总体形象的代表，是旅游产业发展的基础。旅游景区的经营管理，直接关系到景区的经济效益和社会美誉度，影响一个地区乃至国家旅游产业的发展。

（一）旅游景区的条件

1.具有特定的旅游吸引物

旅游吸引物是旅游景区的核心，也是吸引旅游者向往的根本因素。其中旅游资源是旅游景区吸引旅游者的核心内容，景区内的景点或活动是吸引旅游者的载体。

2.具有统一的管理机构

每个旅游景区要有一个明确的管理主体，对旅游景区内的旅游资源保护与开发、服务与经营进行统一的管理。这个主体可以是政府机构，或是具有部分政府职能的事业单位，也可以是独立的法人企业。

3.具备必要的旅游设施，提供相应的旅游服务

旅游景区必须具有必要的旅游设施，能够为旅游者提供相应的旅游服务。旅游资源经开发后，必须具有相应的基础设施和服务接待配套设施，提供相应的综合性旅游服务，旅游景区的旅游功能才能得以发挥。这是旅游景区区别于旅游资源的关键。

4.具有固定的经营服务场所

旅游景区必须具有固定的经营服务场所，空间和地域范围确定。旅游景区的空间范围划定，主要以景区主体旅游吸引物为标准。旅游景区的经营管理者和旅游者，必须在划定的范围内从事经营活动和旅游活动。而景区的开发也是在确定的空间地域范围内进行规划、设计，开发建设。

（二）旅游景区的类型

1.根据旅游资源的特征划分

（1）自然类旅游景区

自然类旅游景区是指在一定地域环境中形成的，能吸引旅游者的山地水体、气象气候、动植物等自然地理要素所构成的地域组合，主要包括江河湖海、自然风景区、国家公园、森林公园、地质公园、自然保护区、野生动物园等。

（2）人文类旅游景区

以人文景观为主的景区称为人文类旅游景区。这类景区是人们在日常生活中，为了满足一些物质和精神等方面的需要，在自然景观的基础上，叠加了文化

特质而构成的一类景区，有历史古迹、古典园林、宗教文化、民俗风情、文学与艺术、城镇与产业观光等类型。

（3）主题公园旅游景区

主题公园是为了满足旅游者多样化休闲娱乐需求和选择而建造的一种具有创意性活动方式的现代旅游场所。它是根据特定的主题创意，主要以文化复制、文化移植、文化陈列以及高新技术等手段，以虚拟环境塑造与园林环境为载体来迎合消费者的好奇心，以主题情节贯穿整个游乐项目的休闲娱乐活动空间。

（4）综合类旅游景区

综合类旅游景区是指具有丰富的自然资源、人文资源，两者相互映衬、相互依存而形成的相对独立的景区。这一类景区的自然资源和人文资源的旅游价值都很高。

2.根据旅游景区的功能和设施划分

（1）观光型旅游景区

观光型旅游景区，以观光为主要功能。旅游吸引物主要以观赏性较强的自然景观和人文景观为主，观光游览为主要的旅游活动，基本设施主要为方便旅游者而建设。这类景区一般都具有较高的审美价值，能够满足旅游者观赏游览的需求。

（2）度假型旅游景区

度假型旅游景区，主要以度假为基本功能。旅游吸引物是宜人的气候、安静的环境、高等级的环境质量、优美的景观和舒适的度假设施。根据度假活动内容可分为海滨度假、山地度假区、温泉度假区、滑雪度假区、高尔夫度假区等。

（3）游乐型旅游景区

游乐型旅游景区，以满足游客游乐体验为主，旅游景区吸引物主要是现代化游乐设施，如上海迪斯尼公园、常州环球恐龙园、欢乐谷等。

（4）生态型旅游景区

生态型旅游景区，以保护生态环境、珍稀物种，维护生态平衡为主要功能。这类景区的生态环境较好，一般都拥有一些珍稀物种，需要进行保护。对于维护区域生态平衡和保持生物多样性具有重要作用，如森林公园、湿地、动物保护区、自然保护区等。

（5）科学考察型旅游景区

科学考察型旅游景区，以科学考察和科教知识普及为主要功能。旅游景区的吸引物以具有较高科学研究价值和科学教育价值的景观资源为主，提供的设施主要以满足旅游者求知为目的，如地质公园、天文馆等。

第二节　旅游产业项目规划与建设

旅游项目建设，在整个旅游项目的开发和运营环节中，起着承上启下的关键作用，任何旅游项目从业者都不应该忽视旅游项目建设环节的关键性。

一、旅游产业项目的规划

（一）旅游产业项目的规划要求

对于旅游产业项目来说，充足完备的准备工作就是要在旅游产业项目建设之前做好充分的规划设计工作，旅游产业项目建设同样需要科学、严谨的规划设计工作，这是所有工程项目建设所共通的。由于旅游产业项目紧紧地依托于生态旅游资源，而生态旅游资源又作为自然资源的组成部分，是大自然赐予人类的财富，亦是子孙后代实现可持续发展所必备的。因此，在旅游产业项目建设方面必然会有其特殊性，国家针对旅游产业项目的规划设计和具体建设等也会有特殊的要求。

旅游发展规划应当与土地利用总体规划、城乡规划、环境保护规划以及其他自然资源和文物等人文资源的保护和利用规划相衔接。各级人民政府编制土地利用总体规划、城乡规划，应当充分考虑相关旅游产业项目、设施的空间布局和建设用地要求。规划和建设交通、通信、供水、供电、环保等基础设施和公共服务设施，应当兼顾旅游产业发展的需要。

（二）系统科学的规划设计

旅游产业项目是一种商品，旅游产业项目的建设者和经营者想要将旅游产业项目成功地推销给广大消费者，也离不开旅游产业项目科学、合理的规划设计。

在旅游产业项目的规划设计中，项目方要坚持文化和创意的核心元素，打造自己的旅游品牌。旅游产业项目开发：①需要规划先行，要找到适合自身的规划开发模式，而切忌盲目复制开发；②需要系统规划、整合开发，要发挥组合效应，合力发展；③在规划设计中需要文化为先、创意融合。文化挖掘是在旅游产业项目规划设计阶段就必须重点考虑的问题。文化和旅游是密不可分的，挖掘旅游产业项目背后的文化就是在拓展旅游产业项目的厚度和生命力。我国作为拥有五千年历史的文明古国，悠久灿烂的文化深深地烙印在我们的基因中，挖掘旅游产业项目的文化内涵亦是应有之义。创意和品牌则是旅游产业项目能够脱颖而出，摆脱同质化实现差异化发展的基本手段。

二、旅游产业项目的建设

（一）旅游产业项目的建设模式

1.旅游产业项目的政府自建模式

旅游产业项目可以采取政府自建的模式。政府自建项目，系指政府（如乡镇政府、街道办事处、开发区、园区管委会）或其下属的国资平台等作为建设主体，进行旅游产业项目的建设。

政府自建模式目前适用得比较多的是一些小型的旅游建设项目，例如地质公园内的地质博物馆、城市内同时可供居民休闲和游客游览的公园等。这些旅游建设项目均具有很强的社会公益性质，主要依靠政府的财政投入。当然这些项目本身的特点也决定了其并不过多地参与旅游产业的商业竞争，因此并无太大的亏损风险，比较适合政府以其财政资金自主建设。

政府自主建设的旅游产业项目还有一个特点，其规划、审批等推动进展通常比较迅速且顺利。因其具有公益性的特征，因此政府往往会将其作为年度内的重点建设项目推进并予以大力支持。

2.旅游产业项目的"建设—移交"模式

"建设—移交"模式是指政府在确定项目建设方案之后，通过公开招标等形式确定工程项目的代建方；代建方在工程建设阶段行使业主的职能，对项目进行融资（政府可对该项目的融资提供一定的支持）、建设并且承担建设的风险；在项目建设完成之后，代建方无经营权，将该完工项目移交给政府；政府再按照约定的合同价款一次性或者分期地支付给代建方。一般情况下，旅游产业项目适用该模式的主要是一些基础设施类的工程项目，比如隧道、旅游大道等设施。

企业代建对于政府方的主要优点在于可以缓解其短期内的资金压力，可待项目建成后再一次性或分期支付合同价款，而事先只需要给予代建方一定的贷款等作为项目融资、开发、建设的支持。此外，由于引入的代建方往往是专业的工程建设机构，熟悉基建程序和市场，具有专业管理知识，因此引入代建方可以提高工作效率，节约项目建设成本。

对于代建方来说，代建完成后将项目移交给政府，代建方并不拥有项目的运营权，而是直接向政府收取合同约定价款，所以不像"建设—移交"模式下的建设方通过运营项目来"回本"。旅游产业项目运营收益可能受到多种因素的影响，具有不确定性。鉴于既不存在上述不确定性再加上政府的信用担保，代建模式对于代建方来说一般没有太大的风险。

3.旅游产业项目的"建设—经营—移交"模式

"建设—经营—移交"模式，是指政府将相关旅游产业项目交由社会企业建设，并给予其一定期限的许可经营权，企业待旅游产业项目建成后对项目进行特许经营，在此过程中企业可依靠经营收益收回建设成本，待经营期限届满以后再将旅游产业项目移交给政府方。

该模式的主要特点是，政府在此模式下往往会负责定位、规划、审批服务，从而可以加快项目的建设进度；而如果仅由企业自己主导，项目推进的速度可能会慢得多。此外，在该模式下，政府只需要授予旅游产业项目建设单位一定期限内的特许经营权并提供相应的规划、审批等方面支持，而无须向建设单位支付工程价款，这就大大缓解了政府财政的资金压力。

（二）旅游产业项目的建设趋势

1.旅游综合体

旅游产业项目的建设趋势——旅游综合体，是指基于一定的旅游资源和土地资源，以旅游休闲为导向进行土地综合开发而形成的，以互动发展的度假酒店集群、综合休闲项目、休闲地产社区为核心功能构架，整体服务品质较高的旅游休闲聚集区。

旅游综合体发展的背后是旅游消费模式升级、景区发展模式升级、地产开发模式升级等共同作用的结果，其演进表现为从过去的单一观光旅游到如今的综合休闲度假，从过去的单一开发到如今的综合开发，从过去传统住宅地产到综合体休闲地产开发。旅游综合体依据其依托的主要资源和产品等，可以分为主题公园综合体、滨海旅游综合体、文化创意旅游综合体、休闲商业旅游综合等。旅游综合体建设的盈利来源包括：①出售或出租房产；②土地二次转让或合作开发获利；③旅游产业项目提供现金流，如通过景区门票、景区休闲产品获得现金流。不过，这种现金流通常并不是投资者盈利的主要来源。因此，旅游综合体的投资与建设应当是具有一定发展前景的新的旅游产业项目建设方式。

2.旅游产业项目建设与国家公园

国家公园是指由国家批准设立并主导管理，边界清晰，以保护具有国家代表性的大面积自然生态系统为主要目的，实现自然资源科学保护和合理利用的特定陆地或海洋区域。建立国家公园体制试点将基本完成，整合设立一批国家公园，国家公园总体布局届时也将初步形成。国家公园建立后，将由一个部门统一行使国家公园自然保护地管理职责，在相关区域内一律不再保留或设立其他自然保护地类型。目前分头设置的自然保护区、风景名胜区、文化自然遗产、地质公园、森林公园等体制将被改革优化。

国家公园坚持生态保护第一，实行最严格的保护，但是这并不意味着国家公园将排除旅游开发。方案提出：国家公园"严格规划建设管控，除不损害生态系统的人们生产生活设施改造和自然观光、科研、教育、旅游外，禁止其他开发建设活动""引导当地政府在国家公园周边合理规划建设入口社区和特色小镇""研究制定国家公园特许经营等配套法规"等。

国家公园内允许不损害生态环境的旅游开发活动，并且在其周边将建设入口社区和特色小镇，这些都为旅游产业项目投资建设者提供了广阔的平台；并且未来国家公园内的旅游开发建设活动预计将受到统一部门的管理，这也将影响到国家公园旅游产业项目建设的审批监管等环节。

由于关于建立国家公园体制的方案仍在小范围试点，目前并无出台相对细节性的实施方案，并且其中还涉及各部门之间管理关系的理顺等，预计离真正在全国建立起国家公园的体制仍有一段时间。不过，鉴于国家公园在我国的建立是顶层设计的重要目标之一；因此，旅游产业项目的建设者有必要追踪了解这一变化，并对其未来可能给旅游产业项目建设的规划、立项、审批、监管等各环节造成的影响作好相应的准备。

第三节　旅游产业项目的运营

一、旅游产业项目的运营模式

旅游产业项目的运营模式是指运营主体将一定时间和空间范围内的旅游资源转化为旅游产品或提供旅游服务的过程。旅游产业项目的运营是运营主体、资源类型及经营方式有机结合的产物。不同的旅游产业项目，运营主体、资源类型及经营方式可能都会有所不同。

（一）旅游产业项目的自主运营模式

自主运营模式，一般是指旅游产业项目所有者自主成立项目管理公司，对旅游产业项目进行自我经营与管理的运作方式。在该种模式下，所有权人即经营权人，项目运营表现出所有权与经营权高度统一的特点。

旅游产业项目的运营涉及面较广，主要包括战略定位、营销宣传、财务运营、人事管理、安全运营以及环境保护等几个方面。因此，运营所涉及的各种关系也相对更为复杂。就外部关系而言，可能包括与供应商的关系、与消费者的关系、与债权人的关系等；就内部关系而言，主要包括股东之间的关系、管理层与员工之间的关系，以及项目公司与员工之间的劳动关系等。在不同的关系中，旅游产业项目所有权人需要分别扮演不同的角色，也需要处理好与不同主体之间的各种经济或法律关系。

在自主运营模式下，旅游产业项目的所有者拥有对项目运营完全的控制权，可以有效地实现对旅游产业项目运营各方面的控制和管理。自主运营模式广泛应用于国内旅游产业项目，特别是在国家所有的自然景区、文物古迹等旅游产业形态中，自主运营模式占据着很大的比重。其主要原因在于，针对诸如自然景区、文物古迹等稀缺资源，无论何种形式的开发与运营均会对该类不可再生资源造成一定程度的破坏；而在自主运营模式项下，国家完全控制并对旅游资源的经营进行有效管理和监督，避免资本逐利的过度开发，继而尽量避免和减少相关稀缺资源遭受不可逆转的损失。

在所有者自身可以实现良好运营的前提下，完全的自主运营可以节省成本和开支。但旅游产业项目具有涉及面广、体系庞杂等特点，旅游产业项目的运营也可能涉及各种其他产业类型的运营。就现阶段的运营状况而言，一个大型旅游产业项目转让部分经营权，更有利于发挥不同运营主体在不同领域的相对优势，从而实现整体旅游产业项目的盈利最大化。

（二）旅游产业项目的特许经营模式

特许经营是指特许方将其商号、商标、服务标志、商业秘密等在一定条件下许可给被特许方，允许其在一定区域内从事与特许方相同的经营业务。一般来讲，根据特许权来源的不同，特许经营可以分为政府特许经营和商业特许经营两种类型。

政府特许经营一般是指在政府（管理机构）严格控制、科学规范的前提下，通过一定的准入机制，选择信誉良好、服务规范、人员素质较好的队伍进入旅游产业项目，从事与环境和资源保护关系不密切的属于公共服务领域内的经营活动，如物业管理、清洁卫生、餐饮服务、商业服务、电力通信等。

政府特许经营模式可以视为政府利用旅游产业项目资源的所有权与企业资本相结合来发挥旅游产业项目资源潜在价值的一种运营模式。因此，政府特许经营在本质上也属于政企合作的一种模式。在该模式下，实际上是以管理权控制经营权的一种管理方式，被特许者拥有被特许范围内从事具体运营活动的权利，但不拥有旅游产业项目的管理决策权，并且要受到特许者政府等管理机构的监督。

基于政府特许经营模式的以上特点，出于平衡资源保护和项目开发的考虑，诸多风景名胜区采用了政府特许经营模式。因为在该种模式下，旅游产业项目的运营是一种有限度的运营，是以保护资源、可持续性发展为必要条件的运营；既能一定程度上发挥市场自发配置的能动性，同时又能兼顾资源保护的需要，有利于风景名胜区等类型的旅游产业项目的可持续性发展。

与政府特许经营不同，商业特许经营模式，往往适用于追求品牌效应的主题公园、旅游酒店等旅游产业项目中。在该模式项下，特许方通过许可被特许方使用具有品牌价值的商标、商号而获得相应的特许经营费，被特许方则通过使用具有特定价值的商标、商号来转化为相应的旅游产品和服务。商业特许经营一般倾向于经营模式固定化。因为不同品牌有其独特的品牌使用要求，成熟的特许授权体系也均会有对其品牌许可及使用的固定模式，一般不会因被特许方的变化而进行较大幅度的调整，否则其特许经营也失去了其固定化模式的意义。

商业特许经营可以让旅游产业项目在初创阶段即可享受现成的品牌及其自身所带的良好商誉；同时在很大程度上可以获得特许方获得多方面的支持，如培训、选择地址、资金融通、市场分析、统一广告等。但正是因为在特许经营模式下存在一套完善、严谨的经营体系，这在一定程度上也会导致经营模式的僵化。在面临市场、政策的各种变化时，可能会出现守成有余、创新不足的情况。另外，尽管在特许经营模式下，双方权利义务通过特许经营合同进行了划分与确认，但在对外法律关系上，特别是涉及特许授权的商标等的纠纷方面，特许方和被特许方可能均无法置身事外。

总体而言，目前商业特许经营模式并未广泛适用于国内大型旅游产业项目中，风景名胜区的政府特许经营相对更为普遍。然而，随着文化旅游的发展及中外文化的不断融合，商业特许经营模式其本身的特点及优势也将为旅游产业项目的运营所逐步吸收和应用，有望成为一种具有竞争优势的旅游产业项目运营模式。

（三）旅游产业项目的租赁经营模式

租赁经营模式，一般是指旅游产业项目所有者与承租人之间，以租赁合同的方式约定双方的权利义务，所有者或有出租权限的主体将一定期间内的经营权出租给承租人并收取相应租金，而承租人在租赁期内经营旅游产业项目获得相应收益并支付租金的经营模式。

根据对外出租程度的不同，租赁经营模式可以分为部分租赁和整体租赁。部分租赁是指将旅游产业项目的某部分项目委托给管理方进行经营，整体租赁是指将旅游产业项目经营权全部出租给管理方。

就租赁的不同形式，则可以分为经营性租赁和融资性租赁。在经营性租赁模式下，旅游产业项目的投资、建设等成本均由出租人承担，尽管一般租赁经营合同中也会为承租人设定一定的维护及损害赔偿义务，但设备正常损耗及不可抗力导致的灭失风险也均由出租人承担。在融资性租赁模式下，一般先由承租人自行联系建设旅游产业项目的相关设备、材料等，然后由出租人按谈妥的条件向供货人购买设备、房地产等。鉴于租赁设备及设施均由承租人选定，因此，一般情况下，出租人对于出租设备的保养、维护等都不负责任。另外，租赁期满后，对于相关设备、设施等，还可以进行二次处理。因此，融资性租赁经营模式，可以实现将资本与旅游资源融合的效果。对出租方而言，可以活化存量资产，是使项目资产保值增值的举措；对承租人而言，是解决资金短缺的有效途径。

租赁经营合同中首先需要出租方对于其有权出租相关旅游产业项目的经营权作出声明和承诺；而作为承租方，为保证合同能够实际履行而非事后追偿，也需要在订立合同之前对出租方的产权证明，以及出租方并非产权人但有权出租的相关证明进行必要的审查。合同主体内容则主要应围绕租赁期间双方在经营、管理、监督以及收益分配等各方面权利和义务的分配进行约定。相较于委托管理模式，在租赁经营模式项下，旅游产业项目产权人的着眼点主要在于租金收入；而在委托管理模式下，产权人可能会想获得更多的监督权，甚至是参与项目管理的权利。

在委托管理模式下，鉴于管理人一般不会轻易承诺对经营业绩负责，因此也可能会让渡部分的管理权限给产权人，以此来减轻自身的经营责任及法律风险；而在租赁经营模式下，一般承租方需要支付固定或者一定比例的租金给出租方，经营的成果和业绩可能直接与其收益相关。因此，在管理权限上会要求更为广泛的授权，以此排除来自出租方的相关干扰，获得对旅游产业项目更为全面的经营权限。

租赁经营模式作为一种新型经营模式，是旅游产业项目经营活动中资本经营的方式之一，可以在有效结合资本与经营的同时，实现产业项目的保值增值。相信在未来的旅游产业项目融资与经营中可以得到更为广泛的适用。

（四）旅游产业项目的委托管理模式

委托管理模式是指旅游产业项目所有者将全部或部分的经营权、管理权交给具有较强经营管理能力，并能够承担相应经营风险的法人或自然人有偿经营的运营模式。在委托管理模式下，所有权与经营权分离，有利于提高旅游产业项目资产的运营效率，从而有利于资源的调动和旅游产业项目的长期发展；同时，引入有效的经营机制、科学的管理手段、成熟和知名品牌等便利模式，是降低管理成本、提高资本质量的重要途径。

就委托管理模式而言，根据委托的程度和范围不同，可以分为全面委托和部分委托两种模式。全面委托是指将旅游产业项目经营权全部委托给管理方，所有者主要起协助和监督作用；部分委托是指将旅游产业项目的某个环节或部分项目委托给管理方进行经营，如市场营销的外包，或景区将其中某个或某几个经营项目外包等。

就委托管理模式在旅游产业项目运营中的适用情况而言，采用全面委托模式的旅游产业项目较少。之所以在一般旅游产业项目中难以实行全面委托管理模式，其原因主要在于旅游产业是典型的非标准型产业，因其旅游产业项目特点不同，其管理和运营的方式也难以像纯酒店项目那样推行标准化。另外，同样由于旅游产业项目运营涉及面较广，其对相关运营资质和专业能力的要求也相对较高，因而很难有一家企业能在方方面面都做到精通。因此，部分委托管理模式逐渐成为旅游产业项目运营主流方式。就项目内的酒店而言，完全可以委托给具有专业管理经验和优势的酒店管理公司；就餐饮而言，则可以依托专业餐饮管理公司的管理经验进行良好的运营；对于涉及高尔夫、缆车等特殊服务的旅游产业项目，其对于管理经验和运营资质的要求更高。如果旅游产业项目所有者缺乏对这些具体项目的运营能力，不妨将其委托给具有专业资质的运营公司负责具体的日常运营和管理，以实现专业化分工。

在委托管理模式下，也将涉及所有者与管理方的权限划分问题，那么约束和规范双方之间权利和义务的主要就是双方事先签署的相关委托管理合同。尽管旅游产业项目的个体差异性较大，相应的管理模式可能也有所不同，但委托管理合同中可能约定的内容大体上类似。一方面，为防范不必要的权属纠纷，管理者可能需要确认旅游产业项目所有者对产业项目享有的产权，以及是否具有将经营权进行对外委托管理的权限。特别是在涉及国有产权与私有产权交织的旅游产业项目中，产权关系以及相关经营权限的明确对于明确各方权利义务关系显得尤为重要；另一方面，需要约定管理方提供的管理服务的范围，可能涉及人事安排、财务安排、项目资产的运营及维护，以及环境保护方面的协调等各个方面。随着旅游产业精细化分工的发展，委托管理模式在旅游产业项目中将得到更广泛的应用。

（五）旅游产业项目的合资合作模式

合资合作模式，通常指投资者通过合资或合作等方式，将各自的优势资源进行整合，从而进一步提升旅游产业项目运营水平和核心竞争力的模式。国内现阶段的合资合作一般是指政府和民间资本的合作，以及内资和外资的合作方式，即政企合作模式，以及中外合资等模式。

在政企合作模式下，一方面能利用政府的行政资源，减少旅游产业项目选址的风险，同时也能享受一定的便利性；另一方面，可充分发挥社会资本的资金优势、管理经验及资源整合的能力，有效降低项目运营成本和提高经济效益，也因此减轻了政府的财政负担，进一步建立了良好的利益分享机制，充分调动了地方政府和民间投资者的积极性。

现在逐渐兴起的建设—经营—移交、建设—拥有—经营等模式，即是政企合作的具体表现形式。另外，政府也可以通过股权投资的方式参与旅游产业项目的治理与运营。随着旅游产业的发展，特别是在一些以旅游产业为支柱产业的地区，政府机构或多或少会以投资者的角色参与到旅游产业项目中来，成为旅游产业项目的股东之一。旅游产业项目本身也可以借助于政府的资源优势得到更好的政策支持和发展机会，从而实现政府收入与项目运营本身的共赢。

在中外合资模式下，旅游产业项目借助于合资方雄厚的资金规模及先进的管理经验，可以在更短的时间内科学高效地完成相关基础设施建设，并投入运营。与政企合作模式相比，中外合资模式项下的合作形式更为灵活。借助于本土资源和先进管理经验及品牌文化的有机整合，中外合作开发的旅游产业项目更富有市场经济活力。而当政企合作、中外合资等多种合作形式交织在一起，则可能为旅游产业项目带来更大的资源优势。

二、旅游产业项目运营风险防控

旅游产业项目对于城市经济的拉动作用，对于城市文化与自然环境有机融合的促进作用不言而喻，其本身所蕴含的发展潜力也巨大。旅游产业项目涉及利益主体多、开发建设运营周期长、投资规模相对较大，项目运营过程中出现的不确定因素就会越多，从而导致旅游产业项目的整个周期将面临不同种类的风险。这些风险的存在对旅游产业项目或许同时意味着某种机会，但也存在着巨大的威胁。

为了把握机会，规避风险，旅游产业项目的投资者和管理者在项目运营过程中必须开展风险管理和风险防控工作；从整体上把握全局，从局部上抓住关键，从而使旅游产业项目真正实现其预期的经济及社会效益。

（一）公司治理的风险

旅游产业项目的公司治理是贯穿整个旅游产业项目的产生、发展、成熟及退出流程的基础性问题。就旅游产业项目的运营而言，公司治理结构的设置奠定了一个旅游产业项目运营的基础，公司治理结构的调整对于整个项目的运营具有决定性作用。

旅游产业项目的公司治理是对项目相关法律关系的规范和梳理。一个好的旅游产业项目，必须有一个初始设置相对健全并且具备良性自我调整机制的公司治理结构。旅游产业项目可以尝试从以下方面来规避公司治理方面的风险：

1.科学设置公司治理结构

在旅游产业项目设立之初，即通过相对全面的前期尽职调查对相关风险进行预判和提前把握，进而在发起人协议及公司章程中，对于股东权利及公司治理结构进行明确的划分，为整个项目运营打下稳定而坚实的基础。

2.及时并真实地披露风险信息

旅游产业项目运营过程中不可避免地会产生各种类型的风险，一味地对风险信息进行遮掩或掩饰，则风险不会消失，反而会发酵并伺机暴发。如果投资者之间或者投资者与债权人之间能够及时地就旅游产业项目运营过程中的风险进行良性沟通，那么很多问题就可以在萌芽阶段得到解决。

另外，就政府参与投资的项目而言，相关政府投资主体要正视市场经济环境下政府的职能定位，以及作为股东的角色要求。在为旅游产业项目的发展与良好运营提供相关便利性资源的同时，避免对项目运营本身造成过多行政干预，甚至损害其他平等市场经济主体的合法利益。

就我国现阶段的法律法规建设而言，尽管该领域在立法方面有待进一步加强，但对于旅游产业项目本身来说，需要在现有法律体系框架下防范相关法律风险的产生及发酵，而这则不仅需要项目方对相关法律法规有深刻的理解，也需要对旅游产业项目运营这个领域有着相对较为全面的认知。因此，旅游产业项目领域的全流程及全方位的专业法律服务也就应运而生。

（二）经营权转让的风险

不同的转让形式，产生了不同的运营模式，因经营权转让而产生的相关问题可能会对旅游产业项目的运营造成极大的困扰。为避免因经营权转让滋生问题，项目相关方可能需要从以下方面进行改善：

1.选择恰当的运营模式

不同形式的经营权转让均有其各自的特点及优势，旅游产业项目投资者要根据项目特点合理选择适用。

2.注重合同谈判

现行法律法规并未对涉及经营权转让的相关行为进行特别规制，因此，所有者与经营者之间的法律关系有赖于双方之间签署的合同来进行梳理和约束。关于旅游产业项目运营的合同应当是一套相对完备和齐全的体系合同，内容上应当涵盖双方关于经营权的相对明确的边界划分，也应该对有可能出现的风险因素及责任问题进行提前筹划，并确定问题的应对和解决方案。针对不同形式的经营权转让，其法律关系也会有所不同，相应的合同内容也应有所区别，因此，需要根据项目特点进行设置和调整。

3.树立正确的运营理念

对于选择了将经营权转让的旅游产业项目投资者而言，要逐步树立正确的运营理念。虽然对于项目运营一定程度上的监督和制约是必要的，但如果对项目运营造成过分干预，则很有可能导致项目运营受阻。尝试以开放的心态去接受和支持经营者的运营和管理，同时也从其项目运营中进一步学习和提高，对于自身运营能力的提升将有莫大的帮助。

4.提升运营水平

无论对于自主运营还是涉及经营权转让的旅游产业项目而言，提升运营水平都是提升项目盈利能力的重要方式。特别是对于专门从事项目管理和运营的公司而言，要打造自身的品牌和声誉，需要在具体项目管理和运营中表现出应有的能力，需要真正做到专业化和精细化，从而为旅游产业项目的运营提供合格乃至优质的管理服务。

旅游产业项目的运营模式将直接关系到该项目运营的成败，就经营权转让相关问题而言，则需要理顺所有者与经营者之间的法律关系，同时也需要在项目运营过程中及时对相关问题进行妥善处置。

（三）知识产权的风险

旅游产业项目运营的一个重要组成部分——资产运营。根据资产形式和内容的不同，可以将资产分为有形资产和无形资产两大部分。无论是建筑设施、旅游设备等有形资产的运营，还是知识产权等无形资产的管理，对于旅游产业项目的运营都至关重要。在众多资产之中，知识产权这一无形资产值得引起当下旅游产业项目投资者和运营者的格外重视。

知识产权对于旅游产业项目运营及盈利的重要作用不言而喻，特别是在文化旅游方面，知识产权对于一个旅游产业项目的价值是巨大的。降低知识产权的风险，应主要从以下方面着手：

1.提高知识产权意识，建立知识产权战略

相关政府部门应当重视知识产权的作用，加强对知识产权方面的保护；旅游产业项目本身要建立企业的知识产权战略，不仅应重视营销和生产战略，在项目名称、产品开发、营销秘密等各个方面也应建立起严密可行的知识产权保护网。旅游产业从业人员应自觉学习与提高自身的知识产权素质，做到充分保护自己和所在企业的知识产权，同时尊重别人的知识产权。

2.利用法律手段保护自身知识产权成果

尽管相关立法并非十分健全，但权利方仍可在现有法律框架下尽可能地维护自身的知识产权利益。例如，积极申请商标注册，培育驰名商标；及时申请专利保护，实施专利战略；利用法律武器，制止不正当竞争行为和相关侵权行为等。法制环境的建设需要从上而下的权威性，但也需要自下而上的响应与支持，权利方积极运用法律手段维护知识产权，一定程度上也必然有助于相关法制环境的建设。

旅游知识产权的竞争日益激烈，因此，加强创新和保护的重要性也日趋明显。国内旅游产业项目要想在文化旅游和知识产权输出方面有所建树，则必须选择自主创新的道路，必须加强对于自身知识产权的创造和创新，同时也要注重对知识产权的保护。

第四节　旅游产业的发展趋势

一、旅游产业的现代化发展

随着时代的进步，现代技术日新月异。技术与产业的融合是重要的发展趋势，旅游产业理应顺势而为。

（一）依托现代技术，创新宣传方式

线下地推是保留手段，可以吸引年长者的目光；线上推广是重中之重，能够激发年轻人士的旅游欲望。

（二）依托现代技术，提高沟通效率

即便是旅游信息写得再详细，旅游者也会存在顾虑。倘若不加以消除，就会降低交易成功率。通过在网站上增加实时交流功能，让旅游企业和顾客之间沟通无障碍。待疑虑彻底消除后，交易就会促成。

（三）依托现代技术，提高管理水平

传统的旅游管理工作由人工来完成，不仅效率低，质量也无法保证。管理系统的引入，大幅度降低了人员影响。管理效率提升，顾客满意度也会随之提高。更为重要的是，管理系统拥有强大的分析功能，能够及时提示有关风险，从而帮助旅游企业避开发展陷阱。

二、旅游产业的公众化发展

当前，人们的生活品质得到大幅提升，大众会对旅游服务提出更高要求。只

要服务不到位，大众就会从多渠道进行反馈。

（一）向政府部门反映问题

待接到反馈后，政府人员会联系涉事企业，为消费者争取补偿。

（二）在网络平台上进行评价

旅游企业为保住声誉，通常会主动联系消费者。但不是所有问题都能得到有效解决，无法获得满意答复的消费者就会寻求消费者协会的帮助，以促进问题的妥善解决。如果遇到无法解决的情况，消费者就会向法院提起诉讼。

总之，新时代赋予公众话语权，所以公众化是旅游产业的发展趋势之一。

三、旅游产业的规范化发展

规范化是未来的大趋势，也是旅游产业追求的主要目标。当前，仍有不少旅游企业热衷于粗放式管理。企业表面上运行平稳，实则隐患重重。当问题暴发后，就会使企业措手不及，不仅损失了利益，还影响了形象。为避免此类事件发生，应当搭建规范化管理模式。

建立规范化组织，强化执行能力。依托规范化流程，维持工作秩序。久而久之，旅游企业的竞争优势就会显现，能够从容应对市场变化。

四、旅游产业的融合化发展

（一）技术融合

随着信息技术的不断发展，旅游产业更加注重游客的体验，其服务效率和服务质量正在不断提升。旅游产业实现融合可以为各大旅游企业带来许多发展生机，技术融合大大促进旅游产业的发展。利用信息技术和互联网技术开拓旅游市场，可以发展特色旅游产品。即使是在偏僻地区，在共享经济的背景下，旅游产品可通过互联网迅速传播，从而吸引大批游客。

（二）产品融合

目前，消费者对于旅游产品的要求正在不断提高，这就迫切需要加强产品的融合。不同行业之间会由于消费者的需求而产生互补、替代的关系；因此，产品融合是必然趋势。"产业融合是产生旅游创新的重要途径。"[①]融合后的产品功能与服务将会日益多样化，也会有更加强大的竞争力，可以满足用户多元化的需求。

（三）业务融合

业务融合是基于技术融合与产品融合之上。业务融合意味着多种多样的业务会在融合之下形成新的业务领域，这样就会进一步加速产业融合。而旅游产业与其他行业之间的相互投资程度可以很好地反映业务之间的融合度。

（四）产业市场融合

产业市场融合主要是指旅游产业与其他行业具有共同的服务对象，需求有交集，这样就会形成市场融合。在产业市场融合的驱使下，旅游产业的规模会得到进一步扩大，发展速度也会越来越快，市场类型也会发生变化。为了促进产业市场实现进一步融合，就要实现旅游产业创新，加速不同产业之间的内部渗透与融合，随时根据市场需求进行技术创新。

总之，旅游产业要想持续发展，就要积极打造融合的综合体。加强产业之间的关联，不需要旅游者费心，就能享受到最优质服务。推动企业的联合发展，资源实现共享，优势实现互补，打造双赢局面。

---

① 郭峦.基于产业融合路径的旅游创新产生机理[J].江苏商论，2011（11）：110.

第三章　旅游产业与区域经济发展研究

旅游产业与区域经济发展具有较高的关联性，两者之间既相互促进又相互制约。本章对旅游经济与区域经济的时空关系、旅游产业影响下的区域经济差异协调、基于区域旅游产业经济绩效的提升策略进行论述。

第一节　旅游经济与区域经济的时空关系

"旅游产业作为区域经济的重要支柱产业和现代服务业的主导产业，与区域经济发展密切联系。"[①]不管是人均指标还是人均旅游收入等指标，都具有一定的空间集聚性特征。造成区域经济格局空间不均衡的主要原因，是人均第二产业和人均第三产业的空间不均衡分布，人均第三产业逐渐取代人均第二产业指标成为影响未来我国区域经济不均衡的首要原因。尽管国内旅游收入在旅游收入中的比重较高，但是，人均旅游外汇收入空间格局的"更加不均衡"是造成我国区域经济格局不均衡的主要原因。

国家区域战略和不同产业类型对相关战略的响应，是我国区域经济差异的主要影响因素。居民收入水平、交通与旅游便利度、居民受教育水平与年龄构成、城市发展水平、产业结构调整等是影响我国旅游经济差异的主要因素。这些影响因素是解释经济差异的原因，同时也是指导经济的区域协调发展的重要杠杆。

---

① 徐海峰.旅游产业与区域经济协调发展研究——基于系统耦合与协同理论以浙江省为例实证分析[J].北京劳动保障职业学院学报，2018，12（4）：37.

值得注意的是，第三产业将是未来影响我国区域经济差异现象的首要原因。因此，加大对第三产业的分析和关注，是未来解决我国经济区域协调发展问题的重点。第三产业中的旅游产业，是资源依托型产业和劳动密集型产业，在区域经济不均衡发展的宏观背景下，完全可以依托欠发达地区的旅游资源与劳动力资源优势，利用对发达地区的要素"引流"作用，来实现在欠发达地区的率先发展，进而成为促进区域经济协调发展的重要手段。

第二节　旅游产业影响下的区域经济差异协调

我国区域经济差异形成的主要原因是东部与中部、西部地带之间的经济发展差异过大，而形成东部与中部、西部地带之间经济发展差异的主要原因是中国非农产业（第二产业和第三产业）在东部地区集聚。非农产业在东部地区的集聚是产业的区位选择与国家战略共同作用的结果。因此，下面选取东西部区域，解读旅游产业影响下的区域经济差异协调。

一、区域经济协调发展的目标与机制

（一）区域经济协调发展的目标

区域经济协调发展的目标包括直接目标和关联目标两个方面。

1.区域经济协调发展的直接目标

（1）将区域经济差异控制在合理、适度的范围之内

"在我国，区域经济差异不仅表现在东西部之间，有些甚至在同一个省的不同地区经济差异也十分显著。"[①]因此，促进区域经济协调发展的最直接、最主要的目标就在于将区域经济差异缩小至合理、适度的范围之内，保持经济增长的效率性和公平性，并从根本上解决由不断扩大的区域经济差异所引发的一系列经济、社会问题。

---

① 胡生军，聂滔.四川区域经济差异与协调发展分析[J].合作经济与科技，2015（22）：44.

（2）促进各个区域的经济实现较快增长

从保障区域的正当经济权益、协调区际利益关系考虑，一是区域经济协调发展不能以牺牲某些区域的经济利益为代价来换取另一些区域经济的高速增长，二是要实现各个区域的经济利益的同向增长。只有各个区域的经济都能实现较快增长，才能真正建立起区域之间合理的经济联系和利益分配关系，也才能实现国家整体经济的持续快速增长。

（3）增强区域之间的经济联系，进而形成互动的发展关系

区域经济协调发展必须实现区域之间在经济利益上的紧密联系，通过产业之间的技术和经济联系、要素的市场供给与需求关系、企业之间的组织联系等，形成发展上的相互依赖、相互依存关系。一方面，紧密的经济联系有利于区域之间相互协调利益关系，减少区域冲突；另一方面，紧密的经济联系有利于区域之间发挥比较优势，建立合理的区际分工，减少无效竞争，实现互利共赢。

2.区域经济协调发展的关联目标

（1）实现区域发展的公平与正义，促进社会和谐

区域经济发展与社会发展密不可分，互为因果。区域之间经济发展的失衡必然引起一系列的社会问题，从而引发区域发展的公平与正义的问题。在我国，区域经济差异不断扩大自然有许多客观的原因，但是国家一直以来所实施的区域非均衡发展战略所导致的区域之间在发展机遇和各级政府支持力度上的差异，也是十分重要的原因，而这更容易在区域之间引起冲突和矛盾，影响社会和谐和稳定。因此，促进区域经济协调发展也是从根本上解决区域发展的公平与正义问题，促进社会和谐发展的途径之一。

（2）促进区域经济发展与生态环境的和谐，实现区域可持续发展

良好的生态环境是区域经济可持续发展的基础，区域经济协调发展的另一个关联目标就是要通过明确各个区域的主体功能，依靠合理的区际分工，转变经济发展方式，以实现各自的主体功能，从而在区域之间形成良性的生态联系，为各个区域和全国的可持续发展提供保障。

（二）区域经济协调发展的机制

区域经济协调发展是一种非均衡协调发展，地区和产业间协调发展是前提，但又允许国家对重点地区和产业实行适度的倾斜政策，让某些产业和地区率

先发展起来，然后再通过产业的关联作用和增长极的扩散效应，带动其他产业和地区发展，即通过"先富后富"，达到"共同富裕"的目的。因此，区域经济协调发展是区域经济发展走向成熟的标志，其相关理论是在区域均衡和非均衡发展理论的发展演化中产生的，目的是要探索如何实现区域之间经济的共同发展与共同繁荣，实现区域经济利益与国家经济利益的和谐。

区域经济协调发展的主要任务是缩小区域经济差异，实现区域之间经济关系的和谐，经济发展水平和人民生活水平的共同提高，社会的共同进步。因此，区域经济差异不可能也不能被完全消除。从这个角度来看，区域经济协调发展与"区域经济平衡发展"或"区域经济同等增长"等概念有着明显的差别，理论上的"平衡""均衡"或"同等"以区域间收入均等化为标志，达到均衡的区域经济格局是地区间人均收入均等的；而协调以地区间的人均收入差异是否合理为标志，当差异大到影响了整体经济增长效率的程度时，经济就是不协调的。

区域经济运行既受市场机制的约束，也受政府的干预。因此，实现区域经济协调发展的机制也包括以下两个方面：

1.区域经济协调发展的政府机制

（1）在市场机制的作用下，生产要素的流动具有选择性，特别是在区域差异不断扩大的过程中，欠发达地区的高级要素，如人才、技术等会流向发达地区，而欠发达地区只保留一些不具备高级技能的劳动力、自然资源等低级要素和不可转移的要素，并导致其与发达地区的经济差异不断扩大。

（2）由于欠发达地区存在着基础设施相对落后、产业配套能力较弱、市场化水平较低等问题，从而限制了其对生产要素的吸纳能力和对发达地区产业转移的承接能力。因此，政府对欠发达地区给予政策和资金上的支持，改善当地的基础设施条件和产业发展环境是十分必要的。此外，区域经济协调发展的两个关联目标的实现，即促进经济、社会和环境的和谐发展也需要政府力量的介入。

在政府对区域经济差异进行调控的政策工具和手段方面，财政政策作为一种投资、消费和就业信号，通过影响区域经济主体的行为，最终引导生产要素、资源和产品在区域之间进行重新分配和调整，对于缩小由于资源禀赋、历史原因及市场机制自发作用而形成的区域经济差异具有重要作用。严格意义上的政府调控就是运用财政手段对区域经济差异进行调控的，其形式包括中央政府对下级政府的转移支付、对各地区的直接投资和政府预算内的财政扶贫支出等。其中，财政扶贫是我国政府平衡区际经济差异所采用的主要形式。政府可以通过对欠发达地区和人口的直接救助改变其贫穷状况，还可以通过支持和援助欠发达地区基础设施建设、创造就业岗位及人力资本投资等方式改善当地的生活环境。

总之，应当将市场机制对资源的基础性配置作用与政府的调控作用这两种协调手段、机制相结合，促进区域经济协调发展。

2.区域经济协调发展的市场机制

区域经济发展的核心是通过"先富后富"，从而达到共同富裕的目标，即既要保证经济增长的效率，也要保证公平。而对于类似我国这样的发展中大国而言，在区域经济协调发展的过程中不仅面临着缩小国内区际经济差异的任务，而且还担负着尽快缩小与发达国家之间的经济差异的重要使命。因此，保增长在任何一个时期都是经济社会发展所面临的重要任务。

市场机制的主要作用在于通过促进要素的自由、充分流动和产业的自由转移，从而提高资源的配置效率，促进区域产业结构调整升级，加速区域产业竞争优势转换，保证区域经济增长。因此，市场机制在促进区域经济协调发展的过程中发挥着基础性和主导性作用。

二、旅游产业影响下的区域经济差异协调机制

（一）赶超机制

旅游产业影响下的区域经济差异赶超机制，是通过积极开展区内旅游，释放消费潜力，拉动内需，发挥"内需"旅游市场对区域经济发展的促进作用；通过加强区域旅游产业的微观主体——旅游企业的自生能力，从而提高整个区域的自我发展能力，进而提升地区的"赶超能力"。东部地区比西部地区的旅游流量大，因此西部地区的赶超机制，一方面要鼓励和促进本地区居民开展以中、短途为主的区内旅游，激活当地潜在的"内需"旅游市场，充分释放旅游消费对区域经济的拉动效应；另一方面要加大对本土旅游企业的培育和扶持力度，尽量使用本地的生产要素，使由于发展旅游产业所引致的相关要素尽可能多地留在当地经济系统。两方面措施的结合将减少西部地区对外部客源市场和要素市场的过度依赖，降低西部地区旅游产业发展的脆弱性和旅游漏损，从而为当地国民经济社会发展，尤其是主导产业的发展积累更多必要的资金、人才等要素，提升区域的自

我发展能力。

（二）帮扶机制

旅游产业影响下的区域经济差异帮扶机制，是基于区际旅游的先行区域的拉动机制，其作用路径是通过鼓励东部发达地区开展长距离、跨区域的西向旅游，搭建以旅游为"通道"的向西部地区输送旅游者、财富和相关要素的作用平台；并通过跨区域旅游合作，促进区域经济一体化发展，形成统一市场，打破要素流动的行政壁垒，促进要素和产业的自由流动和转移，进而实现区域经济协调发展。

第一，提高东部地区居民出游率，鼓励其进行跨区域、长距离旅游。国家和西部地区的各级政府、旅游企业应当有倾向性地对西部地区的旅游资源进行宣传和推介，并通过有意识、有计划的旅游线路设计和东西之间的区域旅游合作来发挥东部旅游热点地区的辐射效应，促进和带动两部旅游热点逐渐升温。

此外，要推动国民休闲计划的实施，以进一步提高东部发达地区居民的出游率，鼓励当地居民进行跨区域的长距离西向旅游；而东西部地区也应当通过改善区位交通条件、基础设施条件，提高目的地的可进入性，并通过延长旅游产业链，丰富旅游产品的数量和种类来提高当地的旅游人均消费量。

第二，充分发挥东部地区旅游企业的辐射效应，提高西部地区旅游企业的竞争力，并逐步向协调的方向发展。西部地区在进一步加强自身的目的地建设的同时，应当树立"大旅游、大产业、大市场"的观念，以市场为纽带，以旅游企业为主体，加强与东部地区的旅游合作和互动，通过微观层面的联合互助，发挥东部地区的示范效应和带动效应。

（三）协同机制

旅游产业影响下的区域经济差异协同机制，是基于国际和国内旅游共同发展的协同机制，也就是西部地区要同时利用以上两种机制，形成"1+1＞2"的合力效应。在这一机制下，西部地区旅游产业发展应当立足于国内旅游，尤其是区内的中、短途旅游，并充分认识到区内和区际两种旅游流，以及"内需"和"外需"两种旅游市场的重要性，在鼓励和促进西部地区居民开展中、短距离的国内旅游的同时，要加大宣传力度、改善区域环境，吸引中、东部地区的居民开展跨区域、长距离的西向旅游。在此基础上，西部地区可借助国内旅游的发展积累资金、人才等高级要素，逐步改善区域旅游基础设施条件，分阶段、有步骤地发展国际旅游。这种国际旅游可以首先从西南地区的边境旅游开始，再逐步向内陆地区推进，从而使西部地区旅游产业逐步走上区内区际、国内国际旅游同时发展的轨道。

另外，东西部地区应当广泛开展区内和区际旅游合作，通过区内上下游企业之间的纵向联合，或同行业内企业的兼并、重组等横向联合来壮大旅游企业的规模，发挥企业在采购、销售等环节上的集群优势，提升区域旅游企业的自生能力和竞争力；通过与东部地区旅游企业的国际合作，发挥地区间在客源市场和要素市场上的互补效应，以及发达地区的辐射带动效应，使东、西部地区之间的旅游产业和区域经济向着协调的方向发展。

三、旅游产业影响下的区域经济协调发展建议

（一）以政府为主导，加速经济发展方式转变

1.确定旅游产业的产业地位，完善政府管理体制

旅游产业在国民经济中的产业地位决定了政府对旅游产业政策的实施力度。西部地区旅游资源赋存状况各不相同，根据各地的具体情况来确定自身旅游产业的产业地位，继而采取切实可行的方针政策，是实施政府主导型战略的第一步。

西部大开发的重要推进期，也是旅游产业发展的黄金时期，及时摸清和更新本地区旅游资源的实际情况，掌握旅游产业的市场动向，有针对性地调整本地区旅游产业的产业地位，并制定相应的政策，对进一步发挥旅游产业的综合带动作用是十分必要的。

同时，西部地区要完善国家和地方旅游局、旅游企事业单位的机构设置、隶属关系和权力划分等方面的具体体系和组织制度：明确政府在旅游市场管理和区域管理的主体地位，并充分调动各类旅游企业、旅游非政府组织等的积极性和能动性；明确各级政府的管理职责和范围，理顺国家与地方、整体与局部的关系；加大社会参与程度，给予社会组织和居民个人表达意愿的渠道和方式等。这些都是实施政府主导型战略的必要组织保障。

2.确定旅游产业的方针政策，制定科学发展规划

通过政府制定相应的方针政策，从约束和激励两个方面来引导和改变企业和消费者的行为，是实施政府主导型发展战略的关键。西部地区政府的主要作用是构建一个以法治为基础的良性竞争市场环境；建立健全的生态补偿机制，对旅游地的环境社会承载力和旅游接待量进行监测，并完善对危害生态资源环境等行为和现象的惩罚机制，保证区域经济、社会和环境的可持续发展；对传统文化旅游资源进行保护性的开发，让当地的传统文化在开发过程中传承，并通过相关的立法和规定来确保上述步骤的实现。

结合各省份交通区位、资源禀赋、经济社会发展的基本情况等制定科学的旅游产业发展规划，并将旅游规划与宏观层面的区域、省域规划相结合，提高旅游规划的适用性和可行性。

3.强化旅游公共服务建设，改善产业发展环境

政府应当强化东西部地区旅游基础设施和配套设施的建设，将投资和扶持的重点放在东西部地区交通、通信等旅游公共服务的建设上来，消除西部地区旅游产业发展的"短板"。同时，政府应当通过实行旅游公共服务合同外包、公共服务购买、政府间协议、特许经营等多种供给方式，鼓励民间和社会资本参与旅游公共服务供给。

通过强化旅游公共服务建设，西部地区旅游产业和相关产业发展的软、硬件环境得以改善，从而为西部地区吸引更多的外部资金和人才等生产要素的流入创造条件。

4.树立西部地区旅游形象，加大旅游宣传力度

旅游客流的产生不仅取决于客源市场的收入、人口规模、以往的旅游经历等需求因素，还取决于旅游目的地的吸引力和旅游宣传等供给方面的因素。政府应当发挥其在区域旅游整体形象塑造和宣传工作中的主导作用，增加旅游目的地形象策划和宣传投入，并广泛引导和发动包括新闻传媒、科教、外事等部门的参与，号召会展节庆、招商引资、公务商务、探亲访友等官方、民间活动突出旅游宣传内容。各方形成合力，共同打造和宣传新时期下西部地区整体旅游新形象。

（二）立足后发优势，培育地区自我发展能力

1.提高居民出游力，鼓励开展中、短途区内旅游

政府应当多渠道增加西部地区的居民收入，努力提高低收入者和农民的收入水平；优化政府支出结构，加快建立覆盖城乡的社会保障体系，推进基本公共服务均等化，解除居民旅游消费的后顾之忧，提高居民的旅游消费倾向；加强对居民旅游消费的引导，丰富居民假日休闲生活，仿照家电下乡探索旅行社送旅游下乡活动，推出针对低收入群体和农村居民的旅游产品、旅游门票和相关旅游消费项目的优惠政策。

2.延长旅游产业链条，优化旅游产品供给结构

西部地区应当在发挥传统观光型旅游产品比较优势的基础上，深入挖掘旅游产品的文化内涵，提升产品的科技含量，增加参与性、互动性强的旅游项目，满足旅游者求新奇、求体验的多维旅游需求。大力推动旅游产品的升级换代，由目前以观光游览旅游产品为主打的单一结构向包含观光、度假、休闲、购物等旅游产品的多样化结构转变，增加旅游产品的层次性，并提高产品附加值。

积极开发旅游相关要素，引导特色风味餐饮产品、旅游纪念品等产业化发展，延长旅游产业链。努力引导西部地区工业、农业、科教、体育等产业与旅游产业结合形成新业态，尤其是要最大限度地发挥西部地区在农业资源方面的优势，探索农业与旅游产业结合的新模式、新产品，从而达到提高农产品附加值，促进农民增收致富，实现农村剩余劳动力的非农就业等多业并举的目标。

3.加强区域内旅游合作，提升区域旅游竞争力

随着西部地区产业格局的不断调整，作为第三产业龙头的旅游产业正在逐步成为两部经济发展中新的增长点。只有通过加强区域内旅游合作，走区域旅游联合发展之路，将点线旅游经济转化为块状旅游经济，才能将区域旅游品牌做精做大，从而将东西部地区旅游产业的发展推向一个新的阶段。因此，西部各省份要在政府主导型战略的政策支持下，转变观念，从大区域、大产业的发展角度出发，实行区域内旅游合作，各省份或景区利用自身的资源优势、产品优势、市场优势、信息优势等联合开发旅游资源、设计旅游线路、开拓旅游市场，共同打造区域旅游主题和形象，从而形成西部旅游整体品牌，进一步提升区域旅游竞争力。

从微观层面上看，企业是市场经济的微观主体，企业竞争力强，则产业乃至区域的竞争力就强。因此，西部地区自我发展能力的培育，以及区域旅游产业竞争力的提升需要以旅游企业自生能力的培养为基础。加大对中小旅游企业的投融资支持、技术支持、信息咨询、国际交流与合作等公共服务的供给，优化旅游企业发展的公共服务环境。

不断完善对中小旅游企业的财税扶持和鼓励做大做强的政策支持，提升中小旅游企业的市场竞争力，进一步激发其市场活力。西部地区的旅游企业可以通过政府牵头和搭台，通过同行业内部企业之间，如饭店、旅行社、景点等的兼并、重组、相互收购和持股等方式，形成以资产为纽带的大型跨区域旅游企业集团，实现旅游企业的规模经济和范围经济，增强西部地区旅游产业的竞争力。

（三）突出引领作用，发挥示范带动效应

区域经济协调发展一方面需要欠发达地区通过自我发展能力的提升来努力追赶，另一方面需要发达地区发挥示范带动作用来积极帮扶。东部地区是我国的旅游热点地区，也是我国旅游产业区域经济效应较高的区域。在稳定经济效益的同时，东部地区要突出地区旅游发展的示范性和引领性作用，为中、西部地区区域旅游的发展提供帮助和经验借鉴。

1.加强跨区域旅游合作，发挥先行区域的带动作用

东、西部地区之间的跨区域旅游合作，是为了充分发挥利用二者在旅游资源和市场方面的差异性，相互借力，形成互补。在这个过程中，西部地区可以为东部发达地区过剩的旅游内需提供承接地，在缓解东部地区旅游接待压力的同时，获取包括旅游收入提升、就业量增加、区域形象改善等在内的综合收益。

加强东、西部地区之间的旅游合作，鼓励东部地区政府、企业投资西部旅游资源的开发，并扶持西部地区旅游人才队伍的建设，协助西部地区旅游产品的宣传，不仅可以实现西部地区旅游产业的快速发展，从而提高旅游产业的区域综合效应；而且还可以通过合作促进区域经济一体化的发展，以及统一市场的形成，打破要素流动的行政壁垒，促进生产要素和产业的自由流动和转移，从而促进区域经济协调发展。

2.提高居民出游力，鼓励开展跨区域、长距离旅游

由于东、西部地区的旅游资源具有较大的差异性，再加上东部地区经济相对

发达，居民可支配收入较高，因此，应当有大批量的东部地区的旅游者到西部地区旅游，并将东部地区的资源和财富也一并"输送"到西部地区，从而使旅游成为东部地区向西部地区输血、输水的"通道"。西部地区也因而成为这种跨区域旅游流影响下的主要受益方，获得旅游客流的净输入和旅游净收益。

现实的情况并没有理论推演的那么理想，由于西部地区基础条件和可进入性较差，旅游宣传力度不够，且东部地区居民的出游行为受闲暇时间的约束越来越大，东部地区的西向旅游流规模并未达到理想的状态。因此，针对这一问题，政府应当加速完善和实施带薪休假制度和国民休闲计划，降低闲暇时间不足对东部地区居民长距离跨区域旅游的约束，并在东、西部地区之间的旅游通道建设、西部地区的目的地建设上加大投入力度，鼓励东部地区居民开展长距离的西向旅游。

第三节　基于区域旅游产业经济绩效的提升策略

一、明确政府引导与保障职能

（一）促进区域旅游产业合作

政府的首要引导职能，是通过各种途径促进区域旅游合作。我国旅游产业站在了新世纪发展的新道路上，面对时代的需要，探索跨区域旅游经济合作是明智之举。当下，全球经济区域化、集群化、全球化、一体化进程随着科技发展的不断深入，旅游产业要谋求发展，突破传统理念的约束需要我们迈出第一步，同时，积极创新观念，开发旅游合作的新理念和新思维，融入世界旅游产业发展，是推进我国旅游产业发展的必然趋势。

推进区域旅游合作共赢的关键在于"大旅游"观念的落实。因为各种合作的具体实行目标，就在于为了形成一个共同的市场。在大产业理念下，行政区划不再成为障碍，地方政府间的联动将会造就一个大旅游产业。所以如果第一步，区域之间的市场得不到贯彻和实施，大市场就是空中楼阁。大旅游观念的落实，第二个关键点在于形成"共赢"的思维。

在实际中，推动区域合作需要打破"独赢思维"，确立制度化的共同利益基础。具体实施过程中，为了彰显区域旅游合作的科学、合理、可行，我们建议由相关地方政府牵头聘请规划专家和旅游产业研究人员，编制区域旅游合作规划。这份规划应该是一个纲领性的指导文件，吸纳各地旅游产业规划的有益成分，再根据旅游发展实际需求以及国内外旅游市场的各种新变化、新问题，对区域旅游合作所涉及的所有建设项目进行统一规划、合理布局。从而使得这种规划既能体现当地的特色，又可以整合共同优势；既保障特色项目开展又避免近距离替代产品的恶性竞争。提出合作的具体规范对策和实质性措施，使各区域内的旅游市场发展有章可循，在实践中不断走向规范，走向成熟。

（二）加强政府的保障工作

政府发展研究中心、旅游管理部门、学术界研究人员可以共同组成一个半官方或官方的区域旅游协调机构，担负起区域旅游合作的领导和协调工作，消除区域间旅游发展的明显政策差异，从而共同制订区域旅游规划，协同举办区域旅游合作论坛和相关会议，开展区域旅游联合与联动。

区域旅游合作从制度层面上看，是一种政府行为，它由政府组织启动、参与，但从市场的角度看，常规的具体合作事项则必须通过旅游企业行为实现。从实际成效上看，各地企业和行业合作，才是区域合作的根本。政府应当创造条件，鼓励各地企业与行业之间的人、财、物切实流通，有必要的时候在区域范围内开展企业联营、重组都是可以考虑的选项。所以各旅游企业要跳出框框限制，寻求市场利益与行政制度的最佳结合点，组建跨区域旅游企业，建立现代企业制度，主打区域旅游，实现区域旅游产业的健康持久发展。

二、加强区域旅游产业的市场建设

（一）扩大区域旅游产业的经济规模

加强市场建设，要扩大旅游经济规模。因为旅游产业的经济总量规模达到一定的阈值，是旅游产业对我国国民经济产生积极影响和促进作用的前提条件之一，这个时候才能体现出旅游产业对国民经济产生十分明显的效果。从旅游产业发展的规律看，旅游产业发展的早期，旅游消费绝大多数地表现为一种个体活动形成新的消费需求。在这个时候，它所能引起社会最终需求的变动尚不能即时反映在社会产出量的变化上。最终旅游需求的微量增加，将会首先被各产业的存量吸收，意味着各产业即便不进行结构调整也足够满足微量增加的旅游需求。出于这个原因，我们认为，在旅游产业发展的早期，旅游经济的小规模和由此形成的结构差异无法对国民经济各部门的产出结构形成很大影响。因此，可见不断扩大旅游经济规模，即鼓励旅游产业发展以提高旅游产业的经济比重，不仅有利于区域旅游经济绩效的提高，更能够带动中西部的经济发展，从而促进整个国民经济的持续发展。

（二）提高区域旅游产业的市场开发力度

1.加大旅游产品宣传力度

注重调研，对本地旅游市场的客源分布以及消费习惯要有明晰的认识，利用市场细分的原理，对客源市场进行有效细分，从而分门别类进行目的性较强的促销活动。调动政府和企业的营销积极性，把形象整体打包进行宣传；同时重点关注产品促销，不断探索接待容量限制与吸引更多游客之间矛盾的解决方法。

2.持续加大宣传促销投入

第一，找准媒体形式。不仅仅是要加大在各类媒体上的宣传力度和资金投入，更要根据上述的细分市场，选择影响力广泛、发行的范围大、收视率高的电台或浏览量与访问量大的媒体刊发广告。只有这样，才能有效提高旅游宣传的内涵，增强有效受众的覆盖面，充分展现旅游地固有的魅力。在各类媒体上做广告。

第二，对目前旅游散客化趋势要予以充分关注，怎样为这部分群体提供周到的旅游服务，是未来一段时间内旅游产业宣传的方向之一。

3.实施旅游地形象策划

良好的对外形象，是旅游产业发展的核心资源，也是打造核心优势强有力的方式，风格独特、温馨感人的对外形象是吸引激发游客的原动力；借此，当地可以拥有较长时间的垄断地位。总之，一个地区的旅游产业要想得到长足的可持续发展，美好的对外形象是根本。

4.增强旅行社产品推介

目前的旅游市场上，旅行社是营销旅游产品的最重要的主体。各地区可以积极为旅行社搭建平台，为其营销旅游产品创造良好环境。而旅行社本身则应转变传统宣传观念，跳出旧有限制，在更广阔的区域内推动旅游产品优势整合，提升产品结构和品质，以优良的服务，研发新的旅游产品，开展形式多样、游客喜闻乐见的旅游产品营销活动。

（三）优化区域旅游产业的旅游消费结构

旅游市场是旅游产品的展示和消费载体，经济绩效高的市场，其提供的产品必然符合消费者的需求，从而具有较强的市场竞争力和较高的利润空间。因此，加强旅游市场建设的根本目标，从消费者的角度看就是不断优化消费者的旅游消费结构。

区域旅游产业的发展，要重点注意以下方面：

第一，保证对游客消费结构的随时关注，努力不断增大旅游中途购物、娱乐消费等旅游产品中非基础消费的比重，在提升旅游品质的同时，还可以极大地丰富旅游消费的具体内容，给游客带来层次丰富的旅游体验。

第二，有关部门要加强对当地民众旅游消费的引导和教育，帮助游客提高消费的层次以及水平，在可能的情况下提供适当的便利条件，达到提高旅游产业发展水平的目标。

第三，对当地旅游商品定点生产企业的生产和发展要倾注应有的关心，既要持续开发带有地方特色的旅游纪念品，还要谋划在各主要旅游集中点建设旅游购物街等集群性的销售场所。

三、改善区域旅游产业的基础设施条件

（一）加快区域旅游产业的基础设施建设

改善区域旅游的基础设施条件，要从观念上重视加快基础设施建设的重大战略意义，必须明确发展区域旅游产业最重要的在于实现空间距离上的突破，就是要解决交通问题和其他基础设施问题。

旅游基础设施建设要把握住一个原则：旅游和交通不分家，围绕旅游搞基础

建设，依靠基础建设开发旅游资源。众所周知，旅游廊道的畅通度和舒适度是衡量旅游环境优劣的最重要指标之一。推动旅游产业经济大发展，离不开不断提高旅游廊道的通勤效率，这也是旅游产业不竭发展的原动力来源。比如在我国，因为旅游交通基础设施落后，无法适应新的市场需要，已成为严重制约旅游产业发展的瓶颈。

（二）加强旅游资源的"软件"开发

1.提升区域的旅游科技含量

旅游资源软件的开发离不开先进技术的使用。旅游产业中的科技化装备水平也在不断提高，这对旅游产业的发展产生了重要的影响。

旅游产业的硬件装备科技含量，旅游产业的软件制度。为了抢占前沿，我们必须前瞻性地布局对旅游产业的科技投入，不断提高旅游产业的科技装备水平。努力引导旅游企业在竞争力的重要指标构成中纳入高科技这一项目，因为高科技的使用，不仅为游客带来舒适和便利，满足客户需求，同时也用信息化来装备了旅游产业。企业高科技的采用一般往往意味着人力成本损耗的下降以及管理效率的提高。在不远的将来，旅游产业必将发生一场从硬件到软件的全新变革。

2.加强区域的旅游人才培养

旅游资源软件的开发归根结底离不开高素质人才的培养，可以说旅游兴衰的关键在于人才的优劣。事实上，旅游产业的竞争最终靠的是人才的竞争。因此，旅游人才培养就成为当务之急。

大力挖掘和重视旅游院校教育，建立齐备的旅游教育体系与各层次人才；持续投入旅游教育，加强旅游师资与学科建设；加强对旅游在岗人员的岗位和实用技能培训，提高从业人员综合素质，条件成熟的时候，考虑制定国家旅游产业的人力发展规划，形成完备的旅游教育培训管理局面。

（三）打造区域旅游产业的旅游信息共享平台

1.重视旅游信息建设

信息时代，信息传递是否及时与准确直接影响生产经营效果的好坏。同样的原理，旅游信息的时效性和准确性受损，导致旅游资源重复开发和浪费的案例也举目可见。当前，地方政府常常在各自封闭的区域内从事旅游发展开发，不重视影响旅游市场的信息，外界旅游信息难以传递进来，本地也很少对外发布相关的旅游市场信息，这样的做法导致旅游市场难以适应市场变动，及时提供有价值的创新旅游产品。

2.科技引领旅游信息发展

现代社会中，一个企业在市场竞争中落后的原因往往在于其技术水平无法跟上技术进步的要求。同旅游产业提供的产品，实质上是一种时空不可分割、无形的价值服务。其根本原因在于旅游产品的空间性带来的游客消费的异地性。所以市场信息流通对于旅游产业而言，具有关乎全局的影响。信息不对称导致了现实生活中一些好的旅游产品得不到应有的价格，而本该被淘汰的产品则摇身一变横行市场。运用科技手段，引领和支撑旅游产业发展，则有望很大程度上改变这种情况。

3.强化旅游信息区域共享

现代城市中，信息枢纽和扩散源建设成为市政基本建设中不可或缺的一环。这极大地便利了我们对信息的获取与共享。实现旅游信息一体化，需要各城市为其他城市的旅游信息互换提供便利。有形的信息，可以设立固定的旅游信息资源服务台，在机场、车站等地方集中摆放统一的旅游信息实物；探索建设区域旅游综合性信息发布网站，将区域内旅游市场的信息实现联网和归类，集中共享。

四、完善区域旅游产业的旅游管理制度

目前，我国的旅游法律体系主要包括国务院层面颁布的条例、国家旅游局颁布的规章及各地方性法规。为满足不断变化的经济需要，各地相关机构便可以根据当时当地的实际情况，制定出切合地方实际同时也有利于旅游产业总体发展的地方规章。我国的旅游市场须加快旅游法律体系的立法步伐，为旅游市场和旅游企业创造优良有序的竞争环境。

作为旅游产业标杆的旅游企业，我国的旅行社须对其固有的经营管理体系进行适当的改革，建立新型的垂直化体系。在这个体系中，将由特大型的旅行社、中等规模的特色型旅行社及网络化经营的小规模型旅行社共同组成。这种体系的突出优势如下：

第一，特大型旅行社集团依托其超群的资本实力增强集团抵御市场风险的能

力，从而有效地稳定整个旅游市场。不仅这样，它们通过标准化旅游产品设计与营销可以顺利拥有规模经济，从而为他们与国外大旅行社竞争打下坚实基础。

第二，中等规模型的特色专业化旅行社主要是集中了其成本优势和服务专业化优势，个体的竞争优势能够得到显著提升。

第三，网络化经营的小型旅行社和其他联锁经营旅行社则可凭借其地理区位优势，在城市中品牌辨识度较高的优势以及与消费者所处位置较接近等几种优势，适当引入前两者产品的优势和特色，通过联锁方式，为自身生存和发展赢得广阔的空间。

第四章　现代化技术对旅游产业的影响

现代旅游产业的快速发展离不开现代化技术的全面推动，同时现代化技术对旅游产业提出了更新、更高的要求。本章对信息技术对旅游产业创新的影响、移动支付技术对旅游产业的影响、移动电子商务对旅游产业链的影响进行论述。

第一节　信息技术对旅游产业创新的影响

"信息技术不断发展和革新，其应用领域也越来越广泛，各行各业的发展都受到了信息技术的影响。"[①]其对旅游产业创新的影响如下：

一、对旅游产业市场及营销的影响

旅游产品和服务的密集性、无形性等特点，使得信息在旅游产品预订和传递阶段扮演了重要的角色。信息传播是旅游目的地营销与服务的关键。信息技术的一大功能就是可据以提高信息获取的效率，捕捉有价值的竞争者和消费者的相关信息，反过来也可以形成和提高决策过程。信息技术在降低信息储存、处理、传输、分析、更新的成本方面也非常具有优势。

旅游产业营销创新强调旅游企业与消费者之间的沟通方式的改变。信息技术使旅游企业采用互动营销和一对一的营销策略接触目标客户群体成为可能，增加了顾客对服务质量的感知价值。信息技术的使用可以使旅游企业保护自己的市场

---

① 钟小东.我国数字经济与健康旅游产业融合发展的策略研究[J].西部旅游，2021（7）：75.

份额和市场地位，甚至增加市场份额。主要原因在于信息技术可以增加内部融合程度，建立灵活和适合的结构，增加对市场的适应能力。

新的营销模式可以增加在线销售额、实现客户满意、提高顾客忠诚度等，但是在实践过程中很多旅游企业却最终没有实现预期目标。主要原因在于旅游产业营销创新不能只视为IT的应用，而应该是硬件、软件、人力、过程、应用和管理者的有效结合。因此，旅游企业如何将信息技术的应用和有效的人力资源管理结合，为客户创造和传递最大化价值以巩固营销效果，以及信息技术对旅游产业的作用效果该如何产出是未来值得研究的问题。

二、对旅游产业产品／服务的影响

产品创新是指可以由顾客直接观察到或感知到的新产品或服务，既可以是全新产品/服务，也可以是对原有产品/服务的改造或升级。信息技术是产品和服务创新的重要驱动力，鼓励新产品的开发，提高企业收入，是企业竞争优势的来源，甚至有学者认为信息技术主要是通过产品创新发挥了潜在的积极影响。

信息技术的使用主要对旅行社的产品创新有着积极影响，特别是电子商务的应用对各类旅游企业的产品和过程创新都起着正向作用。信息技术对服务创新有直接和间接的双重作用，间接作用表现在信息技术的应用在市场导向和创新之间的调节作用，即信息技术在顾客导向、跨部门协调和企业创新之间的正向调节作用，而信息技术的应用负向调节竞争者导向在创新上的影响。

三、对旅游产业管理的影响

旅游管理创新是指旅游企业创造并应用新的管理思想、方法和手段，改变现有的权力系统，创造新的就业机会和合作结构以及员工赋权等。旅游产业管理一直是旅游发展过程中的重点和难点。在信息技术背景下，旅游产业管理出现了新的创新思潮，主要表现在：

（一）旅游企业内部关系管理

主要是信息通信技术在知识共享和知识管理方面的潜能。旅游企业内外部产生大量的知识特别是隐性知识很难通过正式化的管理流程转化为企业的知识资本，而信息通信技术可以消除时间、空间和经济障碍，促进隐性知识与显性知识的有效传播和扩散，一定程度上可以帮助企业在组织内建立知识管理流程。

（二）旅游企业客户关系管理

客户关系管理模型是旅游企业常使用的市场管理模式，信息通信技术在客户关系管理上的作用突出表现在对客户需求作出快速反应，以最佳的方式去理解和满足客户需求或是改变客户需求，从而建立、巩固高质量的客户关系。也有学者提出了电子客户关系管理的新概念，即旅游企业和顾客通过电子渠道保持有效的联系，为可持续和可获利的长期关系提供平台。

（三）旅游企业与竞争者及其他旅游企业的关系管理

一直以来，管理者普遍认同的管理思想是波特的"五力竞争"模型，强调的是参与者之间激烈的竞争。而新技术革命，特别是新的信息和通信技术从根本上改变了旅游者、旅游供应商和中间商之间的关系，他们越来越趋向于通过合作创造利润最大化。信息通信技术帮助旅游企业与其他代理商建立双向沟通，帮助企业寻找和识别战略合作伙伴。

（四）旅游公共部门的管理

旅游电子政务的兴起从根本上改变了旅游行政管理的模式，不仅降低了行政成本，提高了行政工作效率，更重要的是促进了旅游政务从管理型向服务型转变，为旅游企业和旅游者提供了优质的政府服务。为发展便利的遗产旅游提出了一个创新的电子政务模型，改变了传统的自上而下的决策方式，建立了民主服务性管理体制，促使目的地居民、游客、服务提供商和其他用户通过参与式管理宣传当地文化遗产。

四、信息技术与旅游产业创新的应用实践

（一）"一网三地一平台"联动式发展

"一网三地一平台"是指用互联网增强呼包鄂三地的联动式发展能力。通过构建具有多元主体参与、创新化运营等特点的智慧旅游平台，系统地将政府相关部门、互联网企业、旅游企业和景区景点等纳入统一的管理体系之中，借以谋划

呼包鄂地区旅游发展的新格局。

1."一网三地一平台"的作用

（1）"一网"全面融入旅游产业的发展

重视对互联网产业发展的培植力度，加大对互联网企业贷款、融资及政策帮扶力度，提高互联网从业人员数量和行业发展水平；不断增强互联网企业与旅游企业互动交流，尤其是要重视电商平台在旅游产品销售环节中的突出作用，逐步缩短企业与消费者之间的距离，借以形成现代化的旅游产品销售网络体系。

同时，需要积极引导旅游要素资源向互联网企业流动，鼓励并支持互联网企业参与旅游营销宣传工作。注重对新媒体的营销宣传资金的投入，引导政府、企业和景区景点共同参与，制定科学的时空营销模式，最大程度地提升旅游品牌建设资金的有效性。通过发挥互联网的资源配置、服务提供和旅游形象等方面的作用，逐步提升互联网与旅游产业的全面融合力度，实现跨产业均衡协调发展。

（2）"三地"推动联动式发展

"三地"推动联动式发展，破除传统产业发展的内部壁垒，尽可能降低地区内部产业与产品的恶性竞争，需要组建三市旅游产业联盟发展协调领导小组，不断加强政府顶层设计，系统地统筹三市旅游产业的融合发展、行业和部门协同发展等问题。

建立更加完备的旅游产业发展资金保障制度，加强对各市域、旗县旅游项目的资金扶持力度，以制度化建设协调产业发展矛盾。更加注重三市旅游资源的均衡化配置，将呼包鄂三市境内的优势旅游资源，在"权责分配清晰、利益实现共享、合作谋求发展"的原则上，进行资源的统一均衡配置，避免三市旅游发展各自为政与恶性竞争。同时，将呼包鄂三市境内的精品旅游景区、星级旅游宾馆、热门旅游信息进行详细的加工，推出能够体现地域特色的"酒店+景区+交通"旅游服务套餐，并能够在关键旅游景区景点中提升旅游服务质量，同时最大程度地为旅客进行旅游目的地选择提供便捷。

（3）"一平台"的搭建

"一平台"的搭建，实现旅游信息共享交流，容纳景区景点信息、乘车路线、住宿餐饮等旅游服务以及旅客资源信息、旅客诚信数据库等于一体，以服务广大旅客为初衷，并将政府部门、旅游企业、景区景点等进行科学的权责分配，打造能够实现互联网与旅游企业深度合作的服务平台。

2. "一网三地一平台"策略

（1）推行旅游网络"三个新覆盖工程"

旅游网络"三个新覆盖工程"核心理念在于实现对旅游景区网络的全面覆盖工作，基本的特点是"全景区、全用户、全免费"。"全景区"应该立足于实现呼包鄂三市境内所有旅游景点的网络硬件及软件的全覆盖，为充分发挥互联网对旅游产业的外部经济效益奠定完善的基础设施条件；"全用户"是指代旅游互联网服务面向进入呼包鄂旅游环节的所有旅客人群，确立了明确的互联网旅游的服务对象；而"全免费"则是指互联网旅游服务以为广大旅客提供免费的网络服务为宗旨，以现代化智慧旅游服务为主要的表现形式。

（2）构建"互联网+旅游"的跨业态发展新合作机制

"互联网+旅游"跨业态合作模式要求实现对资源的重新配置，将重塑结构、坚持人本思想和开放共享的发展理念贯穿到旅游产业之中，不仅要打破互联网信息产业和旅游产业相互隔绝的局面，更要将多个领域优势智慧融合为一个整体。

在推行"互联网+旅游"的合作模式时，要善于继承旅游产业发展积累下的优势经验。例如呼包鄂地区民族文化旅游产业具有显著的区内外比较优势，需要借助互联网营销宣传的作用，进一步提升呼包鄂民族文化旅游产业的品牌效应和市场竞争力。

丰富旅游企业文化内涵，提升旅游产业规模化发展能力。呼包鄂地区旅游产业发展最为突出的优势资源在于文化，其未来的发展方向将逐步转向文化旅游产业，并逐步形成区别于东部各盟市观光旅游产业的文化旅游新格局。因此，需要不断将以民族文化为核心，实现蒙古族文化与草原生态风情相结合的文化理念，贯穿到呼包鄂地区旅游企业以及互联网企业的发展过程中，并逐步形成以特色饮食、民族工艺品、民族服饰等为主的产品营销网络，借以构建多元化旅游产品品牌的大格局。与此同时，增强政府在产业园区发展方向、基础设施配置、旅游市场秩序建立等方面的引导作用，推动企业实现规范化布局、集约式发展、市场化运营。以产品创新度高、专业化强和文化内涵丰富的企业发展思路，不断增强旅游企业的市场发展实力，实现文化旅游产业的规模化经营，不断推动呼包鄂传统旅游产业向文化旅游发展。

新型跨业态合作模式的出现，逐步改变着传统产业的外在表现形式，系统表现在产品营销渠道、服务内容、信息反馈方式等方面，不仅改变着居民的生产生活方式，更要求以开放共享、创新驱动、协调共赢的理念去推动经济社会的发展。其中所体现的创新并不是要彻底地抛弃传统产业，而是为传统产业引入新的发展思维。

借助互联网营销宣传，清晰呼包鄂旅游新形象。呼包鄂地区需要紧随自治区"建成体现草原文化、独具北疆特色的旅游观光、休闲度假基地"的旅游发展思路，重视文化旅游产业在整个地区旅游产业中的突出地位，并将以蒙元文化稳定发展，多种文化并存的旅游文化理念作为互联网营销宣传的基本准则。为了提供便捷化的旅游服务和实现更为广泛的文化旅游宣传，可以在智慧旅游平台乃至更多的互联网旅游企业的PC客户端、手机App中添加具有显著内涵的文化旅游模块，并定期做好旅游信息更新、上传节庆活动信息等能够体现地域旅游形象的素材，借助微信等新兴传播媒介增强旅游营销宣传能力，将优秀文化旅游形象推广到区外。

呼包鄂三市需要增强联动意识，确立科学的"互联网+旅游"的合作发展规划，不断提升互联网信息产业与旅游产业的融合度，为旅游创造健康、科学、高效、持久发展的网络信息保障体系。

以打造具有显著特色的地域精品旅游线路作为最终目的，以自治区确立的涉及呼包鄂旅游重要景区景点的线路为核心，分别在建立跨市域和市域内部两种旅游线路。

充分发挥互联网的信息披露和社会监督的作用，建立科学的互联网旅游诚信评级制度，将旅游企业、景区景点、旅行社和旅客等纳入统一的诚信管理平台，以社会公众监督的力量来净化旅游市场环境。

（二）"一机游"的创新尝试

为了响应国家号召，善用"互联网+"赋能实体经济，云南省政府与腾讯公司签署战略合作框架协议，推动"互联网+行动计划"在云南落地。针对云南省政府全域旅游改革和服务提升的战略目标，"一部手机游云南"（简称"一机游"）的总体战略规划，根据云南省政府指示及相关会议的要求，由云南省政府主导发起，腾讯公司、云南省投资控股集团、云南省交通投资建设集团三方于2017年12月共同成立了云南腾云信息产业有限公司，负责"一部手机游云南"项目的建设开发、平台运营等业务。

"一部手机游云南"业务复杂、规模较大，项目依托"文化+旅游+科技"模式，通过"游云南"App、微信公众号和微信小程序，为游客提供游前、游中、游后服务。目前上线应用中，包括购门票、订酒店、订机票、租包车、跟团游、诚选购物等功能，满足游客"吃、住、行、游、娱、购"的需求和体验。建设目的地名片、慢直播、识花识景、语音导览、手绘地图、找厕所等旅游工具，满足游客的功能诉求。出游前，游客可以通过手机远程观看景点直播，提前了解景区情况。出游过程中，可以通过在线购票支付、刷脸或二维码快速入园。在游玩过程中，可以通过AI识景了解景点知识，还可以通过"找厕所"功能快速解决生理诉求。此外，"一部手机游云南"还可以帮助游客规划行程、智慧停车等。如果在旅游过程中遇到问题或突发情况，可以一键投诉进行反馈或求助，让游客出游省心、安心、放心。

项目建立"诚信体系"和"投诉处置体系"，通过政府评价的规范指数、专业评价的品质指数、用户评价的体验指数三项信用指标运算得到商家诚信分，规范企业经营行为，实现为游客提供优选服务，促进云南旅游市场秩序整治和旅游产业转型升级。建立"1+16+129+X"的旅游市场综合监管模式，完善投诉案件分类分级处理机制和部门联动机制，及时有效地处理游客在旅游过程中的突发事件。

建立"五体系两平台"，五体系是指投诉处置体系、综合执法服务体系、游客智慧服务体系、旅游综合智慧管理体系、应急救援服务体系，两平台是指可视化管理平台和旅游综合经济分析平台。让"旅游体验自由自在，政府服务无处不在"。同时，"一部手机游云南"项目也在积极探索旅游场景应用，不断完善和优化服务内容和管理功能，推动云南旅游"国际化、高端化、特色化、智慧化"发展。围绕出行、出游、购物、刷脸、监管、智慧化建设几方面，加快推动租包车、智慧景区、智慧小镇、刷脸入住、特产购物、投诉平台等建设。

1."一机游"构建旅游生态共同体

"一机游"通过深耕目的地智慧服务，打通产业上下游供应链和渠道，实现信息、资源互通，实现为游客提供智慧化的综合服务，引导消费转型升级，促进产业加速转型，实现生态共建的旅游生态共同体。

（1）政府端

满足"政府监管无处不在"的需求。整合政府资源，打通信息通道，联动各级政府实现移动化办公，提升问题处理响应能力。通过数字化手段构建政府管理平台，可以及时了解目的地实时动态、精准把握用户需求、有效监督文旅企业的生产销售活动，促进市场规范运营，提供高效用户服务。

（2）企业端

"一部手机游云南"作为平台，不断整合优化产业链资源，为企业提供多元的线上线下客源及渠道，建立良好的供应端和需求端的桥梁，满足企业发展需求。

（3）用户端

满足"游客体验自由自在"需求。"一部手机游云南"为游客提供全面、权威、方便、便捷的服务，满足在"吃、住、行、游、购、娱"全方位需求，提升用户体验。以门票场景为例，针对景区存在的数字化化水平低、基础设施落后、转型升级慢的问题，"一部手机游云南"提供智慧景区系统建设方案。通过线下闸机建设，实现一秒入园，提供运营效率，同时数据会同步景区综合管理系统，实现闸机和同步数据记录。

2."一机游"提升旅游服务品质

（1）数智交通

"一部手机游云南"建立健全租车规划，将数字化理念贯穿用户出行环节，打造"一站式出行服务平台"，全面提升"行"的品质要求，提供游客线上预订、上门取送车、自助取还服务。针对游客反映的费用高的问题，由云南省政府推动，在交通厅、文旅厅的指导下，实现免异地还车费、免高速通行费。让车企资源更有效利用，降低旅游出行成本。同时"一部手机游云南"也在积极探索企业赋能，包括文旅融合、协同办公、网红目的地孵化等，致力于为游客提供更安全、更有效、更环保、更实惠的服务，促进旅游产业发展，提升旅游服务品质。

（2）智能服务

在游客出行过程中提供智能服务，包括智慧厕所、智能导览、推送系统等。

第一，景区导览系统服务。提供覆盖全省景区（含非A级）的手绘地图展示服务，包含景区地貌、景点、厕所、门票、出入口、线路、购物、停车场等信息。利用GIS技术，根据用户的实时位置和时间，提供专业播音员解说；以语音、文字、图片结合的方式，实现春、夏、秋、冬多场景的语音讲解；利用人工智能技术分析景区客流分析情况，为用户计算和推荐最佳游览线路，实现智能引导，缓解流量压力。

第二，智能推送服务。覆盖3A级以上景区，根据游客的LBS地理位置，为游客推荐目的地或景区名片、天气预警信息。

第三，智慧厕所服务。智慧厕所服务通过互联网、物联网等信息化技术，实现旅游厕所定位，显示厕所开放时间和厕位数量，并提供意见反馈等功能，让游客能实时查询厕所位置。根据所提供的公厕电子地图和路径导航轻松解决生理需求，收集游客对厕所评价与投诉，提升厕所便捷服务和管理。

3."一机游"全面升级营销体系

以"游云南"手机App为例，解读"一机游"活动的全面升级营销体系。

（1）旅游+直播

慢直播是旅游+直播领域的探索，通过架设直播摄像头，游客在出行前，就能身未动，眼先行，提前了解景区天气、人流情况，提前种草选择自己心意的旅游地。"游云南"手机App现已实现全国最大的24小时景区直播集群，覆盖云南全省95%的A级景区，架设近1500多路高清摄像头，为企业提供宣传推广渠道。

（2）"刷脸"工程

第一，人脸识别技术。为了更好地提升用户在酒店入住、景区入园等旅游场景方面的体验，满足旅游景区的游客需多次进/出景区的需求和提升旅游酒店前台入住业务办理的效率，游云南"手机App中的人脸识别技术，是基于腾讯优图实验室的技术支持，可以提供人脸检测、人脸检索、人脸比对、证照信息提取、人脸生物识别（活体检测）等服务，极大地改善了旅游消费者的酒店入住、景区出入行等方面的旅游体验质量。

酒店方面，通过对证件信息采集及公安接口对接，提供7×24小时证件信息核验服务。通过比对现场人脸与订单入住人，结合酒店入住规则，提供人证核验、刷脸吐卡、刷脸开门的服务，并且根据治安管理要求，提供入住信息上报公安系统的服务。

第二，毫秒信息比对技术。在景区方面，游客在"游云南"手机App上购买门票时，上传自己的自拍照片，通过人脸检测、人脸对比和生物识别（活体检测）服务，提取人的面部特征。以100毫秒的速度从10万人中抓取目标游客，计算两张人脸的相似度，进行人脸识别。

（3）NFC溯源技术

第一，防伪溯源管理。"溯源"和"保真"成了消费者核心关注的重点。每个NFC芯片都有一个全球唯一的识别标志，通过NFC溯源技术，可以对产品种植、加工、运输、仓储和销售过程中的相关活动信息记录、跟踪和追溯。

第二，产品防伪数据库。产品在生产时，将NFC芯片制成电子内扉，当包装产品时，防伪标签和物流标签都被进行初始化，储存信息将被记录并发送到产品防伪数据库。如果消费者发现产品存在质量问题，可以通过查询NFC标志，获取到产品的生产地区、乡村，甚至农户情况等信息，以便追踪和确定产品质量问题的来源，及时采取有效措施。除了可以根据防伪标签进行产品真伪信息验证外，NFC防伪标签还可读取产品厂家的信息、生产日期、产地、规格等，消费者可以通过自己的NFC手机，扫描产品的NFC防伪电子标签，手机App程序将会自动查询到产品的防伪信息和物流跟踪信息，实现产品的保真和溯源。

4."一机游"强化旅游监管机制

（1）数字诚信体系

"一部手机游云南"数字诚信体系核心应用场景为：

第一，诚信码。诚信码为商家的身份凭证，是线上服务与线下业务的连接工具，涵盖五大功能：信用查询、信用评价、信用公示、聚合支付、失信投诉。

第二，数字合同。数字合同功能包含电子合同及电子行程单，提供五大能力：线上签约、信用监管、信息追溯、数据回流、失信预警。

第三，电子行程单。便捷化的电子发票和电子行程单，为涉旅企业和游客提供更透明化的旅游信息和服务，为旅游综合执法提供依据，减少游客在旅游过程中遭遇企业诚信问题，提升游客体验感知，也为旅游监管提供有效工具。

（2）投诉处置体系

"一部手机游云南"响应监管诉求，建设旅游投诉管理系统，实行"1+16+129+X"的旅游市场综合监管模式。"1"是建立省级综合调度指挥中心，形成信息的高效工作处置机制；"16"是建设云南全省16州市综合调度指挥中心，通过联动工商和市场监管局在内的3支旅游监管队伍，提高旅游市场执法和监管效率；"129"是建设云南全省129区县综合调度指挥中心，发挥多个涉旅执法部门的职能作用，共同维护旅游市场秩序；"X"是云南全省各涉旅企业，包括景区、旅行社、酒店、餐饮等。通过建立旅游监管机制，在面对重大涉旅事件时，监察部门能依法追究法律责任。

投诉系统实现与12301全国旅游监管服务平台投诉系统实现数据对接，可将涉及云南省管辖区域内12301的投诉件同步至"游云南"投诉管理平台进行处置，并在处置结束后将结果返回至12301平台。投诉系统通过对12301投诉数据与"游云南"投诉管理平台进行匹配，实现双方系统的数据打通，统一进行云南涉旅投诉处置。

总之，"一部手机游云南"项目作为云南发展数字旅游的重要工具，有着项目规模庞大、项目复杂程度高、无先例可循的特点，是政府引导、"文化+旅游+科技"模式的新尝试，是发展全域智慧旅游的重要实践，是数字经济与旅游产业融合的成功标杆。

第二节　移动支付技术对旅游产业的影响

移动支付简便快捷、灵活准确的服务方式，能够满足当代人们旅游的需求。"随着移动支付日益成为主流支付方式，全民移动支付时代正在到来。"[①]移动支付功能为旅游产业带来了有利条件和新的发展平台。

一、移动支付的特征

（一）移动支付的相对优势

移动支付的相对优势包括为消费者提供无处不在的付款的可能性、及时获得金融资产和现金支付的替代品、独立的时间和地点，以及避免排队等候。此外，人们大部分时间随身携带手机，因此手机在大多数情况下可方便使用。对于日常

---

① 丁笑蕾.数字时代移动支付适老化研究[J].老龄科学研究，2022，10（3）：68.

生活的小额支付，移动支付可避免假币风险和找零。

（二）移动支付的兼容性

对于支付系统，消费者将它整合到他们的日常生活中是兼容性的一个重要方面。兼容性是移动技术和服务采用的一个极其重要因素。移动支付的兼容性用移动支付如何与各种不同类型的购买消费兼容来评估。目前，移动支付与小额现金支付最具兼容价值，在大额支付方面兼容性较小，可能需要一个长远的发展。四种形式的消费最适合移动支付：①电子票务，如电影、公共交通、停车场和音乐会等；②手机内容和服务，如游戏、音乐、图片、新闻、目录查询和公共交通的路线信息；③在自动售货机和各种其他形式的自助服务机器购买消费，如储物柜、展位照片和自助加油站等；④在POS机上的小额支付。

（三）移动支付的局限性

移动支付通常会增加消费者的便利，减少在小额支付中需要的硬币和现金。然而，移动设备的一些局限性减少了移动技术的可用性。典型的局限性包括有限的传输速度和内存、电池容量小等。

（四）移动支付的网络外部性

网络外部性被认为是移动支付采用率的一个相关因素，因为支付技术显示出间接网络外部性。新消费者采用网络间接地为所有消费者增加了网络价值，因为他们吸引新商家加入网络。因此消费者采用移动支付可能取决于采用移动支付的商家和其他消费者数量。

（五）移动支付系统的安全与信任

信任是一个影响客户使用移动支付的重要决定因素。同样，供应商和支付系统安全与信任是移动支付成功的一个重要决定因素，而信任对移动支付顾客忠诚度和满意度有积极的影响。

二、移动支付技术对旅游需求者的影响

（一）对旅游形式的影响

对于旅游者而言，互联网带来了更多的旅游资讯，电子商务平台则提供了更多消费途径。旅游平台在线分享旅游者旅游攻略、游玩心得，供更多的人获取旅游资讯；民宿平台为游客们打开了更多自由选择住宿的新方式。这些都得益于移动终端技术的发展，各种旅游App强大的信息存储和应用功能，赋予旅游需求者更方便快捷的旅游方式。越来越多的人通过手机选择自助游，是完全不同于跟团游所给予的旅游体验。

（二）对旅游消费方式的影响

移动支付技术下除了智能设备种类的不断增加，还涌现出各类第三方服务平台，人们可以通过授权、绑定等形式实现在线支付功能。这就使得旅游消费支付方式由线下逐渐转为了线上。在移动设备上绑定手机银行、微信、支付宝等金融平台，可以在旅游活动过程中，随时随地进行消费结算，解决旅游者携带现金或银行卡的烦恼，极大地方便了游客出行，同时也降低了游客人身和财产安全的伤害。

三、移动支付技术对旅游供给方的影响

（一）旅游服务更周到

在旅游活动中，旅游供给方主要为游客提供各项旅游产品和服务。移动支付产品的出现，打破了原有支付方式，游客可以借助移动终端、手机设备、微信、旅游App等平台获取旅游企业推送的各类有针对性的、及时动态的、个性化的旅游服务信息。直接在互联网线上平台进行交流沟通、选择旅游产品、支付旅游费用，享受出行前后相应的旅游服务等。实时在线的旅游服务，既能够满足旅游活动的即时性，又能够为游客解决旅游活动中的问题，提供贴心周到服务。

（二）旅游营销更精准

旅游移动支付时代是依托互联网平台发展起来的，互联网平台拥有强大的数据、存储和应用技术。有效地组合和利用这些技术，并融入旅游事业中，是当下

旅游产业发展的主流趋势。通过互联网对旅游消费者群体进行"大数据"分析，获得更多更精准的旅游消费需求的信息，从而根据不同需求制订有针对性的营销方案，很大程度上提高了销售能力和盈利收益。将旅游产品通过移动互联网推送给目标群体，获取合适的报酬，是将市场营销理论与信息技术的完美结合下的精准营销产物。

（三）加快智慧旅游发展

智慧旅游发展的重要条件之一就是智能手机、平板电脑等智能移动终端的普及和应用，为智慧旅游提供相应的使用载体。而移动支付技术下的旅游是将旅游信息依托在移动终端上，线上支付一定费用后获得旅游地"智能导游"服务，包含导游、讲解、游览、定位等服务内容。移动式旅游服务，就是将互联网移动技术与旅游产品相融合，其目的是加快旅游目的地智慧旅游的发展，既能满足游客个性化需要，又能够为旅游者提供高品质的智慧服务。

四、移动支付技术对旅游产业的发展策略

（一）完善移动支付平台建设

移动支付型旅游是旅游产业发展的必然趋势，改变原有旅游服务模式，搭建信息化、网络化的移动电子商务平台，将旅游活动过程中各供应链节点全部纳入移动平台中，及时、全面、准确地向旅游者传递信息，是完善移动支付平台建设的基本要求。

全方位的旅游资讯、个性化的旅游产品设计、合理的旅游服务评价系统以及旅游突发事件处理机制等都是实现智能化旅游服务的前提条件。将旅游供给双方与移动互联网系统充分融合，不仅能提高旅游者在旅游消费过程中的体验质量，还能够帮助企业实现经营管理目标。

（二）强化监督管理，注重品牌建设

移动支付的兴起使人们消费方式由线下变为线上，在方便快捷的同时，还需要加快移动支付旅游的发展，必须制定相关法律规定，设立以政府为主导的监督机构，确保网络交易的真实性和安全性。旅游企业在经营过程中，通过互联网移

动设备提供旅游服务，要注重旅游形象的树立，有效利用互联网传播良好口碑，打造自身品牌力量。

第三节　移动电子商务对旅游产业链的影响

一、旅游产业链认知

旅游产业链是一种特殊的产业生态图谱，其要素和联系是通过旅游产业分工和旅游供需关系为纽带而建立的。一般地，旅游产业链包括旅游自然资源（比如山川、湖泊）、旅游企业（比如旅行社）、旅游产品（旅游线路）、旅游客源四个基本组成部分，就是我们通常讨论的酒店、餐饮、交通、景点、购物、娱乐、旅行社等不同环节。

（一）旅游产业链的特点

第一，旅游产业链中的企业之间存在横向联系。旅游产业链中的企业具有横向的联系，这是旅游产业链与传统的产业链最大的不同。由于旅游产业链中的各企业的横向联系更为明显，链条中的每一个环节都直接面对消费者，其中的任何一个环节出了问题都会影响整条产业链的可靠性和稳定性。因此，旅游产业链的优化升级也更为困难。

旅游活动在空间上是分隔的，在时间上是连续的。作为旅游活动的经营主体是将时间上连续的旅游服务在不同的空间中连接起来，使游客从旅游客源地到旅游目的地圆满地实现他们的目的。旅游经济的发展一方面是市场的扩大，另一方面是旅游资源、旅游项目、旅游线路的增加和丰富。旅游产业链中企业的横向联系更为明显这一特点也就决定了分处旅游产业链各个环节的企业的地位是同等重要的，不像传统的产业链存在明显的上、下游关系，因此在优化升级旅游产业链时，对这些企业一定要有合理的利益分配机制，不可偏废一方。

第二，旅游产业链上的任何企业，都可以直接为游客提供旅游产品和服务，但都不能提供所有的旅游产品和服务。旅游产业链上的各个企业必须分工合作，才能够提供完整的旅游产品和服务。

第三，旅游产业链上的各个行业之间缺乏有效的约束力。旅游产业链上的各个行业之间缺乏有效的约束力，这是受旅游产业链中的企业存在横向联系这一特点的影响。在纵向的传统产业链中，因为只有下游生产产品，提供终端产品的企业直接面对消费者，处在产业链条上其他环节则是隐藏在生产者之间的市场关系中，这也就使得生产者之间可以随时调整合作内容，甚至是合作伙伴。而旅游产业链的横向特点决定了整条产业链直接面对旅游市场，各个行业的利益是来源于各自为游客提供的旅游产品，收益的多少是由旅游市场的大小决定的，并不直接受其他相关行业的制约。因此，各个行业之间是缺乏有效约束力的。各个行业之间为争取更大的旅游市场、争夺更大的利益会产生矛盾。同时，各行业的发展规模和产品质量等问题会随之出现。

第四，旅游产业链整体上呈现出网络状特征。旅游的核心产业链包括四个环节：旅游资源的规划开发、旅游产品的生产、旅游产品的销售、旅游产品的消费。而旅游核心产业链从生产到消费的整个过程与第一、第二、第三产业的部门都产生了联系。这些相关产业就构成了旅游相关产业链。

核心产业链的产业部门和相关产业链的产业部门之间存在在物质、信息的供需上的互相传递关系，并进行相对稳定的交易和合作。通过核心产业链的连接，旅游产业链整体上呈现出网络状特征。

第五，旅游产业链更具有跨区域性。产业链对一个区域的经济增长有着重大的意义。旅游活动时间上的连续性和空间上的分割性决定了旅游产品在空间上也是分隔的。所以，一条旅游线路经常被各地区所割裂。旅游产业链可以是一个地区的，也可以是跨地区的，甚至是跨国界的。从这个角度出发，打破行政性区域界限甚至国界构建旅游产业链更有意义。

区域内的旅游企业通过参与旅游产业链上的分工和竞争，可以提高竞争力，获得竞争优势。这一作用在促进区域旅游产业的发展中具有举足轻重的作用。

第六，旅游产业链辐射的广泛性。从旅游产业的概念中，可以看出旅游产业涉及诸多产业和部门。它的运行直接或间接地对其他部门产生影响。经济发展了，就业机会也就增多了，进而会促进当地的就业情况也向好的趋势发展。另外，这个地方的旅游产业越繁荣，它吸引的劳动就业人数就会越多。所以，旅游产业链具有广泛的辐射性。

（二）旅游产业链的各链环

1.旅游资源开发链环

旅游资源开发环节是旅游产业链中的上游环节，主要包括景区的开发与建设，基础设施以及配套设施的配置和完善。

2.旅游产品生产链环

（1）旅游景区（点）业

旅游景区（点）作为旅游资源的承载地和聚集地，是整个旅游产业链系统的重中之重，特别是随着交通运输业的不断发展，交通工具的便利和多样化，旅游景区（点）的可到达程度逐渐提高，旅游景区（点）业的好坏直接影响了中国旅游产业发展进程。

（2）旅游酒（饭）店业

酒店住宿业是世界上最古老的服务行业，而旅游酒（饭）店业是依附于旅游产业的发展而发展起来的。旅游酒（饭）店业是借助一定的基础接待设施，为游客提供餐饮住宿服务的以实现社会效益以及经济效益的行业。旅游酒（饭）店业是旅游产业链中的重要一环。因此，结合现代旅游酒（饭）店业的发展现状以及数据所呈现出的信息，我们大致可以得出中国旅游酒（饭）店业的发展逐渐走向集团化，构建大型的旅游酒店集团是现代旅游酒（饭）店业发展的趋势，也是增强旅游酒（饭）店业发展实力的必经途径。旅游酒（饭）店业的集团化发展可以增强了旅游酒店企业抵御风险的能力，扩大业务范围，增强发展实力，提升了发展空间。

（3）旅游产品销售链环

旅游产品的销售链环上的主要行业为旅游零售商、旅游代理商、旅游批发商，并且包括不断壮大的在线旅游商。现有旅游产业销售环节的发展主要是由旅行社这一行业形态所实现的，并且旅行社也已经逐渐发展成为具有一定规模的经济行业。旅行社业是旅游产业的龙头企业，是旅游产品的整合者，是联结旅游消费者与旅游目的地的纽带。旅行社业拥有大量关于旅游景区景点或者是旅游目的地的信息，可以有效地将所有旅游产业所提供的旅游产品有效地整合起来，并进行旅游线路的设计。此外还能够实现旅游产品的提供商与顾客之间的沟通，从而使旅游的整个过程得以实现。旅行社业的经营状况将直接影响旅游产业的整体发展状态，旅行社业保持良好的发展态势对于构建旅游产业链来说具有重大的意义。

（4）旅游产品消费链环

旅游产品的消费链环是实现整个旅游产业链运作的至关重要一环，也是旅游产业链虚拟交易的最后一环，关乎整个旅游产业链条能否实现价值。因为只有生产出的旅游产品真正卖出去，供旅游消费者进行消费才能在真正意义上实现所有组合产品的价值，也才能补偿旅游活动中各个行业付出的成本，特别是旅游酒店业、景区景点业等才能获得潜在的收益。深入了解旅游市场或者说旅游需求状况对于旅游产业链来说是最基础的环节，有需求才会有供给，有需求才会有市场，才能为产品的生产活动创造发展的可能性。

3.旅游产业价值链

旅游产业价值链是旅游产品从供应到最终消费的涉及食、住、行、游、购、娱等的系列活动过程，由旅游产品供应商、中间商和消费者构成价值链的主要环节。旅游产业价值链基本结构分为基本价值链和辅助价值链两种。基本价值链是生产商将旅游产品和服务出售给消费者创造价值的过程，是价值基本来源；在基本价值链的基础上形成了辅助价值链，辅助价值链在旅游价值链中也起到非常重要的支撑作用。

二、移动电子商务的优势与影响

（一）移动电子商务的优势

移动电子商务是指通过移动终端与互联网有机结合所进行的电子商务，所以它是无线通信技术和电子商务的有机统一体。移动电子商务的优势如下：

1.移动信息服务

用户可以通过移动终端浏览和查询网页，随时随地获取所需信息。

2.移动银行

移动银行是互联网银行概念的简单扩展，它允许用户使用数字签名与数字证书，方便、快捷、安全地处理有关业务，如管理个人账户信息，在银行账户上转移资金或预付账款，收看银行提示或警告信息以及处理电子票据等。

3.移动贸易

贸易或经纪业务包含很多实用信息的处理，如股票报价、事件公告、证券管理和使用电子签名的交易确认等。

4.购票

电子购票包括预订、购买、提供票据、付款等项内容，应用领域包括：预订机票、火车票、电影票、戏票和球票等。

5.购物

通过移动电话，用户可以在网上商店预订物品和服务付款确认等。

（二）移动商务的影响

以旅游产业的价值链为例，移动商务对其的影响如下：

1.增加产业价值链中的成员

移动商务下旅游产业中旅游中间商成员有所增加，一些原本不在旅游产业中的移动互联网企业也纷纷涌入旅游市场，比如移动网络运营商、旅游内容供应商、旅游应用供应商等。它们提供的一些旅游增值服务、旅游目的地信息资讯服务以及其他移动旅游应用软件为消费者提供了便利，成为消费者获取旅游目的地信息的主要途径。

2.缩短价值链环节，呈现虚拟化

在传统的旅游价值链中，旅游企业因受信息不对称、销售和管理成本等因素的限制必须经过旅游供应商、旅游批发商、旅游零售商三个环节才能将旅游产品最终出售给旅游者，销售成本较高且效率低下。移动商务下旅游企业与消费者之间沟通更加直接、紧密，消费者可以直接通过手机等移动客户端购买旅游产品与服务，完美地避开了旅游中介，大大地缩短了旅游企业的价值链环节，提高交易效率。这一价值增值过程可以利用网络信息技术在虚拟空间实现，旅游产业价值链条上的价值增值业务流程变得更加灵活。

3.增加旅游产业价值链总产业

移动商务下，为满足消费者的个性化需求，旅游企业推出定制化或专业化的旅游服务，带来新型价值创造活动的增值。由于旅游者旅行经验逐渐成熟，旅游消费需求就会朝着个性化方向发展，而移动互联网刚好也能够为旅游者提供更加个性化和专业化的服务，如果旅游者愿意为这种个性化和定制化的服务支付货币，这样整个旅游产业的产值就在原来的基础上有所提高。

4.改变旅游产业价值链增值方式

传统旅游产业价值链中信息并不直接创造价值，而被视为辅助性因素，其增值过程可以看成由旅游供应商价值活动、旅游批发商价值活动、旅游零售商价值活动和旅游消费者价值活动这四个价值节点构成。而在移动商务下，信息是价值创造的来源，是价值链的重要组成部分之一。移动网络信息技术在旅游产业的应用使得旅游企业能够及时、高效快速地获得所需信息，全面提高了旅游企业分析和掌控旅游市场的能力，旅游企业可以依靠网络技术调研旅游市场、发布旅游信息、进行虚拟市场交易，信息流成为旅游企业价值增值的重要来源。

三、移动商务对旅游产业链中价值增值策略

（一）移动商务下旅游产业价值链结构及增值分析

移动商务下旅游企业更加注重客户价值，最大程度地满足客户需求。随着移动商务技术在旅游产业的应用，旅游产品和服务的信息传递方式有所改变，旅游产业价值链的各环节也发生了变化。移动商务下旅游产业价值链分为实体层、介质层和用户层三个部分。

1.实体层

实体层是指包括旅游六要素在内的各子行业的旅游供应商以及旅游代理商。实体层包括以下内容：

（1）旅游供应商

旅游供应商主要包括酒店、交通、景区、购物和娱乐等，在移动商务的影响下，供应商除了采用传统的代理商销售渠道外，需要通过移动网络平台、手机客户端等方式发布信息与旅游消费者进行沟通提供在线预定或购买等服务，将酒店、门票、航班机票、火车票等信息在线发布给旅游者，每个信息传递环节都会带来价值增值。旅游景区、酒店、交通等企业通过移动商务平台进行交易不仅为客户节约了时间，同时也降低了企业的成本；旅游供应商开展移动商务更容易收集手机旅游者信息，不仅拓宽了营销渠道，还易于客户关系管理；酒店、交通等企业在成本不变的基础上实施差额定价等优惠策略吸引游客使用移动客户端购买

旅游产品，将大大提高营业收入。

（2）旅游代理商

旅游代理商一般指接待旅行社，是指受旅游产品生产者或提供者的委托，在委托权限内代理销售生产者或提供者的旅游产品的旅游中介机构，具有组合旅游产品并直接销售给旅游消费者的职能，还能收集旅游市场需求信息，及时向旅游供应商反馈。从传统角度来看我国旅游消费者尤其是高龄消费人群对使用网上支付等方式还存在顾忌，对于支付数目较大的旅游费更喜欢面对面交易，在旅游习惯上仍是偏爱旅行社的服务。所以，传统旅游代理商仍是旅游产业价值链中不可缺少的一部分。

旅游代理商的旅游活动带来了增值主要体现在：①旅游代理商通过移动商务平台或旅游媒介了解消费者需求以及游后反馈信息，能更好地设计旅游产品组合，为消费者提供更加合理、更加人性化的旅游路线及售后服务，从而使价值链增值；②消费者购买旅游产品组合，通过微信、支付宝客户端等途径付款，使旅游代理商的资金流得到增值；③通过移动网络收集消费者旅游的反馈，可以及时改善服务提供更优质的旅游路线，同时避免信息不对称带来的麻烦，大大提高经营效率，从而实现价值链增值。

2.介质层

介质层是价值链价值传递的中介，是旅游产品和服务的价值实现的传输层。移动客户端多数是拥有庞大客户群体的大型企业开发的，这些企业资金实力雄厚且拥有高端信息技术人才，可以直接通过手机应用程序向客户或会员提供服务，大大缩短了旅游产品或服务的流通环节，减少运营成本，实现增值。

移动网络交易平台为旅游企业提供了虚拟的交易平台，为旅游企业提高销量提供了帮助。介质层可以分为三种模式：

（1）自建客户端

自建客户端是指旅游企业建立自己客户端宣传，促销自己的企业和旅游产品。从整体上看，开发手机客户端旅游企业既要有大量的忠实客户具有安装应用程序的意愿，又要有一定的技术实力和经济实力来维护客户端，所以开发手机客户端适用于具有一定品牌影响力和资金雄厚的旅游企业。

（2）移动网络交易平台

移动网络交易平台的主要作用是为旅游企业提供一个直接面向旅游者的虚拟

交易平台，企业可以通过建立虚拟店铺直接销售旅游产品和服务。目前，App软件中包括机票、门票、酒店、火车票、汽车票、度假、行程等板块。

（3）旅游媒介

移动旅游媒介的形式多种多样，主要包括无线旅游代理商、移动旅游垂直搜索、移动旅游点评及攻略、移动旅游网络社区等。

3.用户层

用户层是指旅游消费者，旅游消费者处于旅游产业价值链的最后环节，是旅游产品和服务的最终受益者，是旅游产业价值链的重要组成部分。

旅游消费者越来越青睐于使用手机的移动客户端购买旅游度假产品。

移动商务下，旅游消费者这一价值链节点的价值链增值主要表现在：

（1）旅游消费者通过移动客户端或移动网络交易平台等途径能够非常便捷地获取旅游信息，在对比景区门票、酒店、机票等价格时不必东奔西走，在手机上即可一览无余，满足其决策的需求。

（2）旅游攻略，旅游指南、行程游记、景点、美食、购物等游客分享均能在旅游移动商务平台搜索供游客参考，价值链上的信息价值实现增值。

（3）消费者能在移动交易平台享受优惠活动。

（二）移动商务下旅游企业价值增值对策

1.基于价值增值水平，"较高"旅游企业的对策

（1）重视利用移动网络交易平台

旅游企业重视移动网络技术的运用，通过建立移动客户端或使用移动网络交易平台推广旅游产品和服务。移动网络交易平台这一环节对整个旅游产业链的增值贡献最大。旅游企业应用移动网络交易平台进行营销推广的重要性。实力雄厚的大型旅游企业可以建立自己的App客户端，引进先进技术人员和管理人才进行维护，而那些中小型旅游企业可以充分利用各种移动交易平台，在平台建设移动端虚拟店铺进行营销。利用智能客户端的优势不仅能快速占领市场，还能为消费者提供便利。消费者可以通过智能手机随时随地购买旅游产品，并能以便捷的支付方式进行付款，比如微信、支付宝、手机银行等，这一过程中旅游产品流通到消费者手中所经过的渠道缩短，成交速度加快，极大地加快了旅游企业的营销推广，提高了旅游企业占领市场的效率。

（2）充分发挥自身优势，做好榜样

旅游企业的员工可以在微信、微博、朋友圈等移动渠道分享自己的店铺，进行品牌宣传和旅游产品销售，成为传统旅行社在移动营销推广中的典范。价值增值水平"较高"的旅游企业应继续保持良好势头，与时俱进，发挥自身优势，积极寻找先进的营销模式，为价值增值水平"一般"或"较低"的旅游企业做好榜样，发挥模范作用，为整体旅游企业价值增值水平的提高起到带动作用。

2.基于价值增值水平，"一般"旅游企业的对策

（1）加强与旅游产业价值链节点企业的竞争与合作

旅游代理商充分发挥了中介作用，对整个旅游产业链的价值增值贡献最大。景区、娱乐、交通等旅游供应商可以充分利用旅游代理商庞大的销售渠道来进行营销，扩展其销售市场份额。

旅游产业链从上至下的各个环节的产品和服务均能通过移动网络平台进行打包发布，形成一种基于促销组合的多业务融合增值信息服务模式。旅游产业链各节点企业间要相互合作，优势互补，保证消费者体验顺利进行，满足消费者需求，达到刺激消费目的。

（2）积极使用移动网络技术进行推广

旅游企业管理者的营销观念应与时俱进，顺应潮流发展。在当前信息化时代，应积极采用移动互联网等手段进行营销推广。例如，基于位置服务，通过移动定位技术将景区、餐饮、住宿、租车等不同环节的增值信息服务整合进移动终端的位置服务，游客可以查找定位自己所在位置附近的景点、饭店、旅馆、加油站等信息，就能随时随地享受增值信息服务，同时景区周边的旅游服务水平和消费能力也得到提高，旅游产业链各个环节的信息交流增多，合作性加强。对于一些大的资金雄厚的旅游企业来说，还可以通过增值信息服务整合的方式，运营自身具有掌控力的服务项目，为其他产业链上相关商家提供其产品和服务，分享这部分产业链上增加的收益。

3.基于价值增值水平，"较低"旅游企业的对策

（1）突破传统营销模式，开展个性化增值服务

移动商务下，尤其是价值增值水平较低的旅游企业需改变传统的营销模式，向优秀旅游企业吸取经验，学习成功的营销模式，充分利用移动网络技术降低企业运营成本，满足消费者日益多样化的需求。

　　第一，旅游企业可以通过移动端为游客提供信息化增值服务。目前比较常见的就是"移动终端+二维码"技术，智能手机成为实现增值信息服务的最佳途径，游客用手机扫码就可以进入业务平台查询相关旅游信息。

　　第二，旅游企业可以根据客户关系管理等软件查找客户消费习惯、兴趣偏好，有针对性地为客户提供服务。

　　第三，旅游企业还可以通过即时通讯软件与游客交流，收集游客意见和建议，及时消除游客顾虑减少负面影响。游客之间也可以在即时通讯软件交流，相互帮助，降低旅游企业的运营成本。

　　（2）培育移动电子商务人才

　　市场的竞争最重要的是人才的竞争，尤其在当今信息时代，企业的良好运行必须储备高素质知识型人才。对于旅游企业来说，从旅游产品的设计开发通过销售渠道最终到消费者这一过程中，都需专业人员进行维护。移动商务下，为了更好地进行客户关系管理，与时俱进，旅游企业尤其是价值增值水平"较低"的旅游企业更应注重发展移动端业务，加大对移动营销人才的招聘和培养，加强旅游从业人员的教育培训，组建培训网络及教育培训队伍，提高员工的整体素质。只有具备既熟悉移动电子商务又精通旅游业务的复合型人才，旅游企业才能更有竞争力，不会被市场淘汰。

第五章　旅游产业的发展保障与创新实践

旅游产业发展保障是创新实践的基础，创新实践是推进中国旅游产业高质量发展的必然路径，也是构建中国现代产业体系的重要组成部分。本章对旅游产业的综合保障、智慧旅游产业的发展、旅游产业的创新实践进行论述。

第一节　旅游产业的综合保障

一、旅游产业的资金保障

（一）旅游的国债资金

1.旅游产业促进就业项目的措施

"资本投入是旅游产业发展、创新和升级的内在动力。"[①]近年来，政府加大了对旅游产业的支持力度。旅游产业是国民经济的重要产业，发展旅游产业促进就业的项措施包括：①加大财税政策支持；②加强基础设施建设；③完善金融支持政策；④积极提供旅游就业援助。纳入国债资金范畴的旅游基础设施建设资金，其使用方向主要是：景区与干路间的道路建设和景区内的道路建设，公共供水、供电、垃圾污水处理系统，安全保障设施建设。

---

① 李涛.中国乡村旅游投资发展过程及其主体特征演化[J].中国农村观察，2018（4）：132.

2.旅游国债对旅游产业项目的要求

（1）严格控制在规划选定的景点范围内并符合总体规划要求

国家有关部门对旅游国债项目的筛选非常严格，对项目材料的要求之一，是必须有经过省级以上发展改革、旅游部门组织有关专家评审通过的旅游景区总体规划，确保国债实施的项目符合总体规划要求，保证旅游景区资源开发的高起点和完整、统一、有序，推动区域联合，引导全国旅游资源开发走入科学、合理、有序、协调的轨道。

（2）资源品位较高、发展潜力较大的省级以上旅游景区项目

国债资金重点支持资源品位较高、发展潜力较大、所依托的主要交通干线建设已基本完成的国家级或省级旅游景区的项目。重点解决这些旅游景区最为突出的"卡脖子"问题，如景区与交通干线之间的连接道路问题，主要解决"断头路"和道路改扩建等。

（3）以满足基本需要为前提，主要考虑解决景区急需解决的最突出问题

支持性的政策和资金，优先给予那些急需解决旅游基础设施建设的重要旅游景区，通过政策和资金的支持，满足景区基本需要。

（4）旅游产业项目具有一定社会效益和影响力

政府支持性的政策和资金，主要以投资规模较大、具有一定影响力的大型旅游在建项目为支持对象。旅游国债的申报工作，基本采取以国家发改委（原国家计委）为主、国家旅游局配合的方式，在前期的项目选择上，国家旅游局提供项目清单，国家发改委进行筛选。

（二）旅游发展基金

旅游发展基金根据国家旅游产业发展规划，主要用于旅游宣传促销、行业规划发展研究、旅游开发项目补助等支出，少量用于弥补事业经费不足。

1.宣传促消费

这是为开拓国内外旅游市场而进行的宣传促销活动所发生的费用，包括：①国内宣传促消费。国内宣传促消费是指在国内举办重大主题促销活动，如旅游展览会、博览会、交易会、展销会、说明会等发生的费用。②国外宣传促消费。国外宣传促消费是指为开拓海外旅游市场而组织、参加的旅游展览会、博览会、交易会、展销会、说明会等大型、系列宣传促销活动所发生的费用。③境内外广

告宣传费。境内外广告宣传费是指为宣传我国旅游产业整体形象在境内外媒体制作、刊登广告等所支付的费用。④旅游宣传品制作费。旅游宣传品制作费是指为配合开展国内外宣传促销活动而推出的宣传品的制作费用以及必要设备的购置费用。⑤接待费。接待费是指用于接待港澳台及海外记者、旅行商方面的费用。

2.行业规划发展研究经费

这是用于研究、制定国家旅游产业发展规划、远景目标方面的费用。

3.旅游事业补助经费

这是用于弥补国家旅游局行业管理、教育培训和事业单位经费补贴等不足部分的费用。

4.项目开发补助费

重点用于中西部地区。包括旅游景区景点基础设施及配套设施开发补助费、旅游资源规划开发补助费。旅游发展基金预算纳入国家旅游局部门预算统一管理。国家旅游局根据部门预算管理有关规定和要求，编报旅游发展基金年度预算。用于旅游项目开发方面的支出，由省级旅游部门会同同级财政部门，根据项目实际需要提出申请报国家旅游局、财政部，国家旅游局汇总提出分配方案后，报财政部审批。地方申请旅游项目补贴经费，应编报可行性研究报告。

（三）旅游专项资金

旅游专项资金即政府部门为了支持和促进旅游事业的快速、持续发展，划拨一定资金专门用于完善旅游基础设施建设，拓展旅游市场，鼓励开发旅游资源，整治旅游市场秩序，改善旅游发展的基础条件。

各省、自治区、直辖市也都根据各自旅游发展实际情况设置了各地区的旅游发展专项资金。另外，交通、文物、林业、环保、经贸、水利等都有部门资金或专项资金，可直接或者间接地支持旅游开发项目。

文物行政管理部门可以指定国有文物收藏单位优先购买被拍卖的珍贵文物，购买价格由文物收藏单位的代表与文物的委托人协商确定。文物征集的步骤包括：①确定文物征集对象；②由专家对原件进行真伪鉴定和价值价格评估；③由文物收购单位报有关部门批准，得到批准后商谈购买，交割资金。在文物征集的过程中，征集专项经费主要在第三步文物收购单位向有关部门申报并在得到许可后，由财政部下拨资金，购买该文物。

1.省级旅游发展专项资金

从省级财政拨出一定资金建立旅游发展专项资金，推动各省内的旅游基础设施的建设。项目建议书和可行性研究报告，报告的主要内容应包括申请旅游产业发展资金的理由、数额、预期目标、经济和社会效益，基本建设项目的立项审批文件，用地、规划定点的批准文件，环保评估报告，自筹资金及地方配套资金的落实证明或承诺证明，贷款贴息项目需提供当地银行评估后的初审意见书和匹配投资单位情况的证明。

各省旅游发展专项资金一般用于：①支持对全省及地方旅游发展具有重要影响的旅游规划的编制；②支持重点旅游项目的建设及特色旅游项目的开发；③支持有利于资源整合、区域联动，对发挥整体效应有促进作用的旅游基础设施建设；④支持旅游信息化建设、旅游人才的培养和旅游院校的建设；⑤支持有特色的重点旅游商品的研发。

2.市县级旅游发展专项资金

市县级旅游发展专项资金来源包括：市县政府部门的财政预算，上级政府和旅游主管部门拨付的专项经费，接受的社会捐赠等。设置旅游发展专项资金的市县主要集中在那些具有高品位旅游资源、旅游发展潜力较大的地区，尤其如今旅游产业已经被提升成为国民经济新的增长点，发展旅游成为振兴地方经济的有效途径，各地政府部门也纷纷将工作重点转向旅游开发和建设，不仅积极争取中央和省级旅游发展专项资金，也不断从地方财政拨出一定资金设立本地旅游发展专项资金。

市县政府部门期望通过设立旅游发展专项资金，促进地区旅游经济发展，加快旅游建设步伐，把本地建成中国优秀旅游城市、优秀旅游县，打造旅游胜地，以旅游带动地区经济的发展。

（1）政策依据

市县级旅游专项资金的政策依据有：①本地区旅游发展总体规划；②上级旅游发展总体规划；③地区国民经济和社会发展规划；④市县各级政府下发的关于旅游发展的相关文件；⑤市县各级旅游主管部门制订的工作计划。

（2）申报程序

一般来说，市级旅游专项资金的申报流程如下：由市旅游主管部门提出下年度专项资金重点支持的旅游发展项目的指导意见，以引导各地申报项目；在每年的项目申报月，各县（市）区、开发区、市直各部门根据市政府及旅游主管部门的要求，提出使用专项资金的项目计划；申报计划上报旅游主管部门和财政部门审查；经市政府批准后，下达项目立项计划批准书；另预留一部分专项资金，由市旅游主管部门根据市政府发展旅游年度工作安排和临时性工作情况，提出使用意见。

县级旅游专项资金的申报，由旅游项目单位首先提出申请，向县旅游局、财政局报送资金申请报告，经县旅游局、财政局审核，并经县政府同意后，由县财政部门划拨资金。

二、旅游产业的土地运作保障

（一）土地运作的策略

1.旅游投资商只介入土地一级开发

（1）由旅游投资商单独或者与土地所有者，组建项目公司进行一级土地开发，由当地土地储备机构负责实施，并由土地储备机构负责筹措资金、办理规划、项目核准、征地拆迁及大型市政建设等手续并组织实施。

项目公司负责土地开发具体管理工作，最后由项目公司收取管理费，其标准为土地储备开发成本的2%左右。开发成本主要包括征地、拆迁补偿费及有关税费、收购、收回和置换过程中发生的有关补偿费用，市政基础设施建设有关费用，招标、拍卖和挂牌交易中发生的费用，贷款利息等。

此种策略比较适用于当前国内比较流行的省级政府组建的专业旅游投资公司。这种政府背景组建的公司具有整合省内旅游资源、提升现有存量资产和旅游招商融资功能，并不完全直接投资某旅游项目。所以在土地整理阶段能够快速打包并能够迅速回收现金以便快速进入下一个项目，并不真正介入项目的直接管理运营，如国内的云南旅游投资有限公司、重庆交通旅游集团、吉林旅游投资有限公司等。

（2）土地储备中心和土地所有者不直接参与土地一级开发工作，只负责与主管部门协商征地、拆迁补偿与安置。项目公司则实施土地开发，包括相关基础设施和"六通一平"工作。项目公司提取不高于土地储备开发成本8%的利润。旅游投资商按股权比例收益。但在实际操作过程中，项目公司一般会远高于此比例。此种策略比较适合习惯做大盘开发、开发旅游项目不多的地产商。但是需要土地开发规模比较大（一般在4 000亩以上），区域较好，一般是东部沿海城市或者内地大城市郊区地带。这种土地的交易费用一般很高。对于土地整理的项目公司来说，其收入是可观的，而且开发周期比较短，能够实现快速回报，一般在一年左右就能够实现资金回流。

2.介入土地二级开发

旅游投资商需要介入土地二级开发，需要与土地所有者组成的项目公司根据与土地所有者协议优先条款直接取得二级土地开发权或者根据协议优先条款通过招标取得土地二级开发权。有以下两种方式：

（1）项目公司通过协议出让或者招拍挂等方式获取土地并直接项目运营收取收益。旅游投资商按股权比例收益。此种策略比较适合具有旅游项目开发经验的专业旅游投资者介入，此种策略开发的收益最高，但同时开发周期也比较长，需要强大的项目运营、管理实力。

（2）项目公司不参与项目建设开发，而是与土地所有者组建专业旅游投资管理公司参与重点项目的委托管理和经营，省却土地获取的投资过程，旅游投资商按股权比例收益。此种策略对旅游投资商的专业管理能力和强大的营销系统有较高要求。比较适合国内或具有外资背景的专业的旅行代理公司。此类公司有专业的旅游管理经验，但不如前一类公司具有强大的项目运营背景，可以利用其强大的营销网络来实现自己的投资策略。

（二）土地运作的模式

1.社会保障换承包地模式

社会保障换承包地方案是指用社会保障代替土地保障的方案。农民年老进入小城镇定居，拥有稳定的非农收入来源，又自愿出让其原先承包经营的土地和宅基地使用权，可以申报为城镇居民户口，与城镇居民享有同等的社会保障和子女入学政策，并对其购买养老保险、医疗保险等给予适当补助，并纳入城市廉租房范围，实行就业扶持。该种模式的土地流转各区县政府要统一实施征地，统一各补偿政策，统一办理失地农民农转非和养老保险，并对不同年龄阶段的农民实施不同的补贴和社保政策。

2.宅基地换住房模式

宅基地换住房方案是指用集中兴建新型农村社区或城镇住房替换农村宅基地

的方案。按照土地集中、城市建设用地增加与农村建设用地减少相挂钩的思路，农户将土地承包经营权通过入股、联营、出租或租赁、转包、转让等方式实现集中，农户获得租金、薪金、股金三重收入。同时，农户可以退出其宅基地使用权进入新型农村社区集中居住或进入城镇购买经济适用房或商品房，政府给予旧房拆迁补偿，并将增加的农村宅基地指标置换为城市建设用地，用土地出让金等收益对农民购房进行补贴。

3.集体经济发展型模式

集体经济发展型方案是指以股份合作制为特征的方案。将集体土地和农民土地承包经营权折价入股，组建股份经济合作组织或公司制企业，对集体资产进行经营，农民可以到合作组织或公司制企业打工，获取租金、薪金、股金三重收入。该模式可以把辖区农民的土地和集体建设用地集中起来，实行集中开发、连片种植，将农村划分为农业生产区、工业开发区和群众商住区，依此实施统一规划和经营。

三种土地流转模式的比较分析情况如下：

（1）从预期收益的角度看

从所耗费的成本而言，集体经济发展型模式比较适合于中国绝大部分地区社会经济发展情况，这主要是因为集体经济发展型模式政府所投入的成本相对于另外两种模式来说要小得多，农民所承担的风险也比这两种模式要小得多。

（2）从城市化进程角度看

社会保障换承包地模式下，农民可得到城镇居民户口和相对较好社会保障政策的照顾，比如农转非优惠政策、子女入学优惠政策和养老保险、医疗保险等。此种模式能使农民在城市里安定生活，非常有利于加快城市化进程，而且城市化的稳定性较好，不易出现逆城市化现象。宅基地换住房模式，不及社会保障换承包地模式发展速度，集体经济发展型模式在三种流转模式中城市化速度最为缓慢，因为集体经济发展型模式主要是通过提高农民向城市的转移"能量"来促进城市化发展。一旦集体企业经营不善，城市化也就无法推进。总之，在对城市化进程的积极作用方面，社会保障换承包地模式大于宅基地换住房模式，宅基地换住房模式又大于集体经济发展模式。

（3）从社会稳定的角度看

在医疗和养老保险金不能到位的情况下，将会造成社会动荡不安。而宅基换住房模式，相对社会保障换承包地模式来说，情况要稍微好些，因为这种模式只是给原有农民进行耕种可能带来不便，如果土地流转市场比较完善，那么这种模式对社会稳定将不会有多大影响。在集体经济发展模式下，农民一方面可以获取租金、薪金、股金三重收入；另一方面，农民仍然对所承包的土地具有部分收益权和处分权。因此这种模式在政府还没有足够的财政实力时不失为一种可以考虑的模式。当然，众所周知，集体经济发展型模式同样也存在经营风险，股金和薪金都有可能化为泡影。因此，这种模式对社会稳定有一定的隐患。

三、旅游产业的农民致富保障

（一）农庄经济

农庄经济作为一种新的农业经济模式，在目前的农业生产条件下，农庄经济显示出不可替代的作用和发展优势：

1.有利于农业开发

农庄经济推行机械化发展，用机械平整土地，开挖土渠，改良土壤，较快地改变了农业的生态环境。

2.有利于提升农业发展档次

农庄经济对传统农业进行改造，给当地带来先进的科学技术、先进的管理方法和优良的农作物品种，注重发挥经济、生态、社会多种效益，为当地的农民自主进行农业结构调整提供了示范引导。另外，农庄经济也是农民学习农业管理、生产技术的途径，成为农民引进新品种、获取农业发展信息的重要渠道。

3.有利于致富农民

农庄以有偿流转的方式从农户那里获得土地使用权，每年付给农民一定的租赁费用，增加农民收入。同时，农庄经济使原本在自己土地上耕作的农民变成了农业工人，直接在自己的土地上为农庄打工挣钱。

（二）规模化经营

1.规模化经营的产生条件

（1）农业劳动力转移

随着我国工业化进程加快，非农产业得到了迅速的发展，农业与非农产业的距离进一步拉大，导致大量农业劳动力向非农产业转移，且速度加快。为了有效解决农村劳动力转移带来的土地闲置及其造成的土地资源利用低效率问题，就必须完善土地流转市场，促进土地在不同主体间的有效流转，从而提高农地利用效率和增加农业转移劳动力的收入。

（2）农村土地的规模经营

农业生产效率的提高，一方面要加大农业生产机械化；另一方面要有效地解决农地细碎化问题，提高农地经营规模。由于机械化农业生产的实现必须依靠农村土地的规模化经营，因此，提高农地的经营规模是提高农业生产效率的最有效措施。农村土地流转可较好地规避以上问题，有效促进农地的规模经营，提高农业生产率。因此，农地进行规模经营的迫切需要必将催生农村土地流转。

（3）农业产业结构调整

随着我国农业生产技术的不断提高，我国农产品已由供给短缺转变为供给平衡甚至供给过剩，农业发展已由以解决温饱为中心的数量农业转向以提高农业发展质量为目标的质量农业。为了适应日益变化的农产品需求，就必须对农业生产结构进行调整以发展高质量农业。土地流转可以实现土地资源在不同用途使用者间的有效转换，从而达到调整农业产业结构的目的。因此，随着农业产业结构的不断调整，农村土地流转也将合理展开。

（4）农村土地功能的转换

随着农村社会经济的发展和农村社会保障制度的不断完善，农村土地的社会保障功能将逐步减弱，农村土地的经济功能将逐步增强，农民对土地的依赖性将有效减弱，从而有效促进外出务工农民流转出土地。

（5）国家法律和政策的支持

在稳定和完善农村家庭承包经营制的基础上，赋予了农民长期而有保障的土地使用权，并对土地流转的形式、原则和程序等作出了相应的规定，为规范我国土地流转提供了法律依据。

进一步完善土地流转市场，按照依法自愿有偿原则，允许农民以多种形式对土地承包经营权进行流转，鼓励龙头企业、经营大户和农业合作组织等多元规模经营主体积极参与其中并发展多种形式的适度规模经营。国家从农村生产力和生产关系发展的客观要求出发制定的这一系列有关农村土地流转的政策和法律法规，放宽了对土地流转的条件限制，为农村土地流转提供了有利的环境。

（6）市场经济的迅速发展

随着我国社会主义市场经济体制的不断完善，农村市场经济得到了迅速发展，农民的市场观念逐步增强，使得农村各种生产要素市场得到了迅速发展。土地作为重要的农业生产要素，为了实现其最佳经济效益，必须在价格杠杆作用的引导下，通过市场机制的配置作用，实现土地与劳动力、资本和技术等生产要素的合理整合。而农村土地资源的市场化配置是以土地资源的合理流动为前提的，只有赋予农民对所承包土地的转包、转让、出租等权利，使土地在不同主体间合理流转，才能实现土地与其他农业生产要素的优化配置。

2.规模化经营的模式

（1）大户经营

创建农业大户，集中流转土地，用于发展农业规模经营。

（2）企业经营

加大对龙头企业的招商引资力度，通过成片租赁农地，发展大面积的规模经营。

（3）股份制经营

农户将土地承包经营权折算成股权入股成立农业股份制公司，并按照股权从土地经营收益中分红。随着农村人口外出就业者增多，应组织农户将承包地入股进行合股经营，然后由村集体将入股土地发包给本村留守的农户经营，经营收入由入股农户每年按股分红，入股农户分红收入将逐年增加，有效提高当地农民的生活水平，提高每亩土地的纯收入，有效提高农地产出效率。

（4）合作社经营

农民将土地集中交给农业合作社经营，而合作社则以一定的租金返利给农民，或是农业专业合作社为农民提供代耕、代育、代收等方面的有偿服务。

（5）特色农产品生产基地

政府通过组织规划，使一定区域的农户生产某一特色农产品，形成一定区域内该特色农产品的规模经营。

第二节　智慧旅游产业的发展

一、智慧旅游城市的意义与构建

"智慧旅游是一种全新的旅游概念，是现代科技创新与旅游产业发展升级相结合的重要产物。"[①]智慧城市是指充分借助物联网、传感网，涉及智能楼宇、智能家居、路网监控、智能医院、城市生命线管理、食品药品管理、票证管理、家庭护理、个人健康与数字生活等诸多领域，把握新一轮科技创新革命和信息产业浪潮的重大机遇，充分发挥信息通讯产业发达、RFID[②]相关技术领先、电信业务及信息化基础设施优良等优势，通过建设通讯基础设施、认证、安全等平台和示范工程，加快产业关键技术攻关，构建城市发展的智慧环境，形成基于海量信息和智能过滤处理的新生活、产业发展、社会管理等模式，面向未来构建全新的城市形态。

智慧旅游城市是在智慧城市和智慧旅游的基础上产生的，是两者的结合，也是旅游城市面对日益突出的"大城市"问题应运而生的解决方案。智慧旅游城市代表着城市转型的最新理念与方向，以信息化、智能化为主要途径，提高旅游服务效率。将科技融汇到满足旅游者的个性化需求、满足旅游企业的便捷运营、满足旅游管理部门的科学管理等各个领域，促进旅游信息资源共享，全面提升优秀旅游城市的接待服务水平。

在智慧城市背景下，智慧旅游城市围绕旅游产业，综合利用物联网、云计算等信息技术手段，结合城市现有信息化基础，融合先进的城市运营服务理念，建立广泛覆盖和深度互联的城市信息网络，对城市的食、住、行、游、购、娱等多

[①]　韩泳.智慧旅游助推旅游产业升级的思考[J].商展经济，2022（7）：30.

[②]　无线射频识别即射频识别技术（Radio Frequency Identification，RFID），是自动识别技术的一种，通过无线射频方式进行非接触双向数据通信，利用无线射频方式对记录媒体（电子标签或射频卡）进行读写，从而达到识别目标和数据交换的目的。

方面旅游要素进行全面感知，并整合构建协同共享的城市信息平台，对信息进行智能处理利用，从而为游客提供智能化旅游体验，为旅游管理和公共服务提供智能决策依据及手段，为企业和个人提供智能信息资源。

（一）智慧旅游城市的意义

1.扩大旅游产业范畴，拉动更大社会价值

旅游产业和信息技术产业这两者的关联度本来就很强，信息技术与旅游产业的结合带来更大的产业链延伸，孵化出更多新兴产业和部门。智慧旅游城市中，产业之间交叉繁多形成密集的产业网。主要体现在三个方面：

（1）旅游全产业链价值

建设"全产业链"的现代旅游产业，是落实国务院关于加快发展旅游产业的意见，也是满足消费并创造消费的必由之路。智慧旅游全产业链体现在要全面与第一、二、三产业集成，拓宽到旅游各方面。

（2）产业融合价值

产业融合是现代产业发展的重要特征，旅游是一个巨大的市场，合作和融合不会使旅游产业和旅游部门的功能弱化，相反只有合作才能共赢，只有融合才能获得更多发展机会。

（3）产业跨越价值

智慧旅游打破了传统的第一、二、三产业严格界限的划分，而且要将各大产业间进行柔性融合体现出跨越产业间的超额价值。旅游产业链上下游各个关键系统和谐高效地协作，达成城市旅游系统运行的最佳状态，智慧旅游对相关企业、产业、城市、区域乃至国家社会经济起到不同程度的拉动效应。

此外，智慧城市的信息应用以开放为特性，并不仅仅停留在政府或城市管理部门对信息的统一掌控和分配上，而应搭建开放式的信息应用平台，使个人企业等个体能为系统贡献信息，使个体间能通过智慧城市的系统进行信息交互，充分利用系统现有能力，大大丰富智慧城市的信息资源，并且有利于促进新的商业模式的诞生。

2.融合旅游产业与信息技术产业

随着信息技术的飞速发展，信息资源日益成为重要的生产要素，与其他产业融合发展。智慧旅游城市实现旅游产业与最先进技术产业的结合，为旅游城市的

发展开辟了一条新的发展道路。

（1）旅游宣传营销网络媒介更加丰富，媒体价值得到有效释放，网络口碑传播对于旅游营销的影响日益凸显，旅游网络营销平台呈现蓬勃发展态势，垂直搜索类网站、旅游点评网站等新兴业态不断涌现，极大丰富了旅游宣传营销的渠道和方式。

（2）智能手机等移动终端在旅游产业中的应用日益频繁。基于位置的移动应用、用手机进行旅游产品的预订中的周边服务等技术手段和应用已经成为旅游城市公共服务的重要内容。

（3）云计算技术与物联网技术等先进技术应用于旅游管理系统实现安全监控、智能办公等方面的智慧化，真正实现集约化、智能化、统一化的智慧旅游管理。

3.健全城市旅游创新微环境和激励机制

随着微博、微电影、微信等一系列微事物的出现，现代生活进入微时代。快节奏的社会生活，急躁的社会心态，海量信息的流动，年轻人的引领构成微时代相对于其他社会状态的转变显得更加急促和迅猛。

对于其他行业来看，旅游企业的生产过程更加需要创意、需要智慧。例如，旅游营销不仅是有效传递信息的问题，更重要的是要创造智慧、提供智慧，把旅游的营销打造成智慧的营销，打造成智慧的产业。现在"编故事""摄影大赛""祈福活动"等创意层出不穷，都是智慧的产物、智慧的代表，并由此深化，创造文化营销和情感营销等系列新方式，如进行社区营销，提倡环保理念的营销等。从现在来说，很多地方的旅游营销已经构造了一个比较好的发展模式，这就是政府、产业、学界、民众和媒体相结合，称为"官、产、学、民、媒"相结合的总体模式形成了模式的组合与模式的互动。

4.优化旅游公共服务体系，社会生活旅游智慧化

智慧旅游城市针对散客市场占据主体地位的现实环境和发展需求，逐步实现城市公共服务体系，特别是面向游客的旅游公共服务体系健全化、智能化。实现从旅游宣传营销体系到旅游接待服务体系，从旅游目的地网站集群、旅游呼叫中心、旅游集散中心、旅游咨询服务中心到遍布城市交通枢纽、旅游企业等旅游信息触摸屏的立体化全面建设；实现从旅游信息服务内容到服务方式的智能化、多样化，从体系建设、运营到维护的协同化、长效机制化。

（二）智慧旅游城市的构建目标与架构

1.智慧旅游城市的构建目标

（1）为游客提供智能化旅游体验

为各类游客提供更便捷、智能化的旅游体验。从旅游者的角度讲，主要包括导航、导游、导览和导购（简称"四导"）四个基本功能：

第一，旅游者需要的位置服务——导航。智慧旅游将导航和互联网整合在一个界面上，地图来源于互联网，而不是存储在终端上，无须经常对地图进行更新。当GPS确定位置后，最新信息将通过互联网主动弹出，如交通拥堵状况、交通管制、道路交通事故、限行、停车场及车位状况等。

第二，旅游者需要的信息服务——导游。在确定了位置的同时，在网页上和地图上会主动显示周边的旅游信息，包括景点、酒店、餐馆、娱乐、车站、活动（地点）等的位置和大概信息，如景点的级别、主要描述等，酒店的星级、价格范围、剩余房间数等，活动（演唱会、体育运动等）的地点、时间、价格范围等，餐馆的口味、人均消费水平、优惠等；智慧旅游还支持在非导航状态下查找任意位置的周边信息，拖动地图即可在地图上看到这些信息。周边的范围大小可以随地图窗口的大小自动调节，也可以根据自己的兴趣点（如景点、某个朋友的位置）规划行走线路。

第三，旅游者需要的游览服务导览。点击（触摸）感兴趣的对象（景点、酒店、餐馆、娱乐、车站、活动等），可以获得关于兴趣点的位置、文字、图片、视频、使用者的评价等信息，深入了解兴趣点的详细情况，供旅游者决定是否需要它。导览功能还将建设一个虚拟旅行模块，只要提交起点和终点的位置，即可获得最佳线路建议（也可以自己选择线路）、推荐景点和酒店，提供沿途主要的景点、酒店、餐馆、娱乐、车站、活动等资料。

第四，旅游者需要的购物服务——导购。经过全面而深入的在线了解和分析，可以直接在线预订（客房/票务）。只需在网页上自己感兴趣的对象旁点击"预订"按钮，即可进入预订模块，预订不同档次和数量的该对象。由于是利用移动互联网，游客可以随时随地进行预订。加上安全的网上支付平台，就可以随时随地改变和制订下一步的旅游计划。

（2）为企业放大旅游资源效益

智慧城市的建设可以促进景区、旅行社、酒店、交通、餐饮场所、游乐场所、购物场所及其他旅游相关行业资源的深度开发，进一步放大旅游资源的效益。智能交通出行服务可以让人在出行的时候能够提前知道交通讯息，而出行以后对结果的反馈可以进一步提高服务效率。

智慧旅游城市的建设通过网络及城市内各种先进的感知工具的连接，整合成一个大系统，使所收集的数据能够充分整合起来成为更加有意义的旅游信息，进而形成关于城市旅行的全面影像，使旅游企业和游客可以更好地进行放大旅游资源效益和进行旅游生活。

（3）为管理提供高效信息平台

通过对城市中遍布各处的智能设备的感测数据进行收集，使所有涉及城市运行和城市旅游生活的食、住、行、游、购、娱各个重要方面都能被及时、准确、公平、公正、合理、安全、简洁地感知和监测起来。在数据和信息获取的基础上，通过使用传感器、先进的移动终端、高速分析工具等，实时收集并分析旅游城市中的旅游信息，以便管理机构及时决策并采取适当措施。

2.智慧旅游城市的构建架构

智慧旅游城市的总体架构一般由一个平台、若干支撑体系以及相应的基础环境构成。一个平台是指智慧旅游城市平台。支撑体系涉及旅游管理部门、旅游企业、游客使用的智慧旅游介质，一般包括：旅游产业规范及监管、旅游产品及服务、语言服务交流及响应、智能虚拟导游服务、跨平台感知及响应、综合运营中心等内容。基础环境包括智能化技术、研究开发和实验测试、推广应用以及培训等。

智慧旅游城市平台体现电子商务、电子政务、智能服务、运营感知、云计算存储及分布的物联网综合性能，其特点表现为公平、公开、公正、安全、高效、和谐。

（1）一个平台

一个平台是指一个智慧旅游物联网平台。集先进理念、先进技术、创新管理、创新运营模式于一体的集成平台由政府搭建，服务于政府、企业和游客等多个主体，为行业管理提供高效智能的旅游管理平台，为企业、游客提供高质量的公共服务。

智慧旅游城市的建设涉及重要技术且必须依托新的科技革命，其中以物联网技术、云计算技术、传感器技术、射频技术、网络技术、智能信息处理技术等最为重要。这些技术成为建设智慧旅游城市的载体，是智慧旅游运营和管理的手段。

（2）若干支撑体系

基于新技术创新旅游产业管理及监管模式是该平台建设和运营的重要支撑体系，该平台的运营也是行业主管部门将创新的管理和监管模式体现和落实的重要抓手，影响到整个行业在新的社会和经济发展形势下如何有效地引导旅游产业健康、和谐地成长和发展，因此这一体系的建立是本平台的基础。

旅游超市是将旅游服务的各企业、服务项目如同超市展台一样展现在服务对象面前，让游客、旅游服务企业可以进行自由组合、公平交易、接受监督和监管，保障各方面的利益和安全，这一体系架构是智慧旅游平台的主要构成和表现形式。利用电子商务，享受网络预订，全部行程清晰列单（行程单），可以自己打印套票，也可以接受套票手机码，通过便捷、安全的网络支付手段处理账务，在方便的同时保障质量和安全。

语言服务是智慧旅游的重要特色，包括多语言版本的响应服务和各类语言与中文的转换甚至自动翻译的智能化语言服务体系。

智能虚拟导游体系是利用电子地图的智能优化分析，根据游客或旅游企业的偏好给出最佳的景区景点、酒店、其他设施及线路的建议，并在电子地图上直观地展现出来。利用虚拟现实技术，可以模拟已经选择的线路和场景，虚拟化体验流程和周边感受，经历全程完整的虚拟旅游和智慧旅游的体验。这一体系充分展现智慧旅游平台的智能化、实用化和趣味性，成为智慧旅游平台吸引游客、旅游企业的有力支撑体系。

智慧旅游平台需要跨平台感知，与公路、铁路、航空、海运及旅游巴士等交通平台，与酒店、餐饮、购物、文化娱乐等平台的互动和交流。有各个平台进行互动感知的支撑体系，才可以方便用户实时获取真实的信息，为智能化运营提供保障。这个支撑体系可以通过全面的物联网技术实现。包括电子地阁、GPS、RFID和M2M感知技术等，为智慧旅游服务平台的建立和运营提供技术保障。

整个智慧旅游平台的综合运营需要有强有力的运营体系作为支撑，政府是规则制定者和监管裁判者，旅游市场的运营需要用市场的方式进行运作。因此，建设基于电子政务、运营电子商务的操盘方式，可以很好地用市场规则和手段合理地引导和吸引各种旅游服务行为规范运营；同时基于感知系统及时获取市场的细微动态，及时应对调整，及时响应服务，通过呼叫中心、信息发布、综合宣传、平台架构调整等多种运营方式保障平台的健康运营。

（3）相应的基础环境

智慧旅游城市的基础保障是一系列成熟的智能化技术，随着技术的发展，许多技术已经成熟，甚至都可以找到各自的应用案例。成熟的技术也是搭建智慧旅游城市必需的基础性环境，包括：智能识别技术，例如电子门票等；智能监测技术，例如客流监控和资源管理等；智能定位技术，例如移动位置应用及周边服务，还包括城市环境应急处理服务等；智能感应技术，例如设施及路径自动提示、自动判断行为；智能化安全技术，例如数据备份、系统安全等。这些研发和创新应用都需要有实验和测试环境，通过试用，不断地总结、提炼和得到有价值的资料及信息，可以促进系统开发和升级。因此实验测试环境必须建立在类型多样、涉及面广、可及时提供有价值的改进建议等基础环境之上。

（4）数据中心

旅游是一个综合性信息依赖型的产业，其中食、住、行、游、购、娱等繁杂的旅游基础信息获取、加工、认证及传播利用对产业的发展起着重要的作用。旅游信息数据库的建立及相应的基础服务系统使用，不仅能够让游客和企业以及管理者快速、准确地查找和检索到相应的旅游信息，而且能够促进旅游信息规范化和标准化，促进旅游信息的共享，打破城市之间旅游信息的封锁；旅游信息数据库的建立也有利于从整体上对旅游产业进行宏观调控和管理，有利于旅游产业协调、健康、有序地发展。

云计算对旅游数据库技术提出了新的要求，需要兼顾高可扩展和高可靠性的架构设计。与此同时，旅游数据库的建设涉及旅游基础信息资源标准规范，加快制定涉及旅游信息资源的各类国家标准、行业标准、地方标准与企业标准是亟待解决的新课题。

二、智慧景区的特性与系统构成

智慧景区主要在智慧旅游预订、智慧旅游体验、智慧旅游营销、智慧景区管理、智慧景区经营等方面实现智慧旅游。智慧景区信息管理系统是智慧景区服务的核心资源，通过对智能传感器、无线传感器物联网、对地观测传感网和导航定位，以及采用云计算、大数据、空间地理信息的综合集成，对海量的景区旅游资源、游客身份、设施设备、安防监控、射频识别、红外感应、设施设备、工作人员以及大气、水文、植被、景观、人流、"三废"排放等不同尺度的时空数据进行传输、处理、记录、控制、存储和合成显示，并将数据直观、形象地展现给管理者，为景区各项事务的决策提供依据和支持。

智慧景区以物联网和云计算的智慧环境系统为基础，在感知、传输、应用三个层面为游客提供智慧旅游服务。底层感知层数据采集端，由自动监控设备实时采集的传感器组成，收集环境基础信息和监测数据及视频信息；中层是以数据传输为主的网络传输层；上层为云计算平台，是整个系统的云数据中心和云服务中心。云平台上的数据包含基础数据、监测数据、视频监控数据、统计分析数据、空间数据、政务数据等，实现数据整合和数据共享。

智慧景区通过完善景区信息网络基础设施与数据中心，实现景区景点实时导航、景点查询、定位监控、报警处理、应急预案、调度管理、天气预报、交通信息、旅游宣传等功能，其目的是提高景区管理效率和实施动态管理。同时，智慧景区有利于科学合理地设计规划景区项目与内容，控制景区游客流量与保护景区资源，丰富旅游产品，使游客可以自己选择线路，智能地感知云平台所提供的动态信息，显著提升旅游景区服务质量与服务水平，满足旅游者个性化与现代化的旅游需求。

（一）智慧景区的特性

1.新信息通信技术的应用，突出智慧化

信息通讯技术在全球范围内出现了新一轮的革命，推动各行各业信息化建设的飞跃。旅游产业是关联带动性非常强的行业，旅游产业与信息技术产业的融合发展。在计算机网络技术、智能控制技术等已有的数字化技术基础上，加上以云计算、物联网、虚拟现实等技术为代表的前沿技术的应用，为旅游信息化的发展带来了质的飞跃。这些技术在旅游景区的应用，将景区的基础设施、管理模式与理念、游客服务媒介与手段等方面进行了智慧化的转型与升级，极大提升了整个景区的综合水平。突出"智慧"，既是对技术设备智慧化的应用，也是对管理者、服务者与被服务者智慧的挖掘。

2.从需求出发，突出人性化

智慧景区建设在数字景区的基础之上，要从景区的可持续发展入手，从游客的需求和景区管理的需求出发，物联网、云技术等新一代信息技术只是实现智慧

景区的手段和媒介。

智慧景区不单单停留于前沿技术在景区基础层面的投入，而是将一种智慧化的管理理念与创新的管理模式带入景区，在技术应用的同时考虑到景区的实际情况，考虑到景区管理水平的配套提升，突出综合性。

3.搭建互通合作机制，突出系统性

在智慧景区的体系建设中，数据资源库建设是非常必要的。数据库建设不仅实现景区内部各个系统部门在资源上的共享，提升协作，而且在实现景区与其他景区以及政府管理部门、其他旅游企业、游客之间的沟通与资源共享，完善景区内部协作系统的同时，将景区置于一个更大的关联网络中，加强了景区与外部的联系。

（二）智慧景区的系统构成

1.电子门票系统

门票不仅是游客参观游览的凭证，也是景区向游客提供服务的承诺。利用电子化阶段，提高门票管理的水平，进一步提升面向游客的服务，已成为越来越多景区的共同选择。如二维码可借助游客的智能手机进行管理，费用低廉，使用简便，在促销、预订类等门票中有较多的应用。

电子门票实现了验票、计票财务核算等业务流程的电子化，不但让游客感到更加方便和满意，而且让景区简化了管理，节省了开支，改善了服务，可以说，电子门票已成为景区智慧化发展的重要选择，代表着门票未来演进的方向。电子门票系统的开发可根据景区的实际需要进行方式过渡，最终实现全面电子化的目标。

2.信息发布系统

向游客以及其他相关人员发布各类动态信息是景区管理中的一项基本职能，建设多渠道融合、多媒体展示、多角度发布的一体化信息发布系统是智慧景区建设的重要内容之一。这一系统使用多种手段接入，包括物联网、移动互联网、移动通信网络、广电数字互动电视以及呼叫中心等，发布的信息包括静态信息和动态信息两大类型。静态信息包括景区的介绍、游览路线、注意事项以及服务设施提供状况等；动态信息包括各景点的人流、节目演出的时间以及紧急事项通知等。景区的各类信息可借助网络平台、景区LED大屏、触摸屏以及游客的移动终端等发布，根据不同的发布载体优化发布方式和内容，以取得最佳的发布效果。

3.游客管理与服务系统

游客是景区最为宝贵的资源，如何对游客进行科学高效的管理和专业贴心的服务，是所有景区共同面临的任务。游客管理和服务系统基于物联网、移动互联网感应识别和基于位置服务等技术，对游客进行实时和精准的管理。实时采集游客的相关动态数据，并整合其他部门的数据对游客身份等各类信息进行分类和分析，根据游客的相关信息进行高效的管理和专业化的服务，以达到改善管理和优化服务的目的。这一系统包括智慧游客公共服务体系，不但可以提供动态的交通线路、列车班次等信息查询，而且可以在线接收游客投诉并进行反馈；既是景区连接游客的桥梁，也是游客获得景区服务、反馈各类信息的重要渠道。

4.视频监控系统

视频监控是智慧景区的基本应用之一，主要用于对重点区域、出入口以及事故多发地段等进行动态监控，并利用景区内部署的有线或无线网络将实时场景视频数据传输至景区指挥调度中心。指挥调度中心通过电子屏幕可及时准确地了解景区内游客的数量和动向、重点区域的人流以及突发事件发生状况等各类信息，实现对游客的调控、车辆调配、消防人员调配以及应急救援等，保证指挥、调度和应急决策的正确性、及时性和科学性。

5.智慧导览系统

游客在景区的服务离不开"四导"（导游、导航、导览和导购）服务，而在智慧景区发展中，智慧导览是其中智慧化应用的重要内容。智慧导览系统不同于常见的电子导游系统，它集成了包括文字、图片、视频以及3D虚拟现实等各种信息资源，游客只要根据自己的兴趣选择相应的内容，就可以获得针对性的服务支持，达到自助游览的目的。智慧导览系统既可让游客在自带的智能手机或平板电脑直接下载安装App应用，也可租用景区专用的智慧导览终端，并可根据实际情况决定是否收费、如何收费。

6.景区资源与环境管理系统

景区资源与环境的优劣是衡量景区发展水平的关键指标，也是决定景区能否可持续发展的重要因素。利用现代信息通信技术建设智慧化的景区资源与管理系统，是智慧景区建设和发展的新趋势。景区资源与环境管理系统的建设包括以下内容：

（1）建立一个景区资源环境监测体系，主要通过物联网、传感器、GPS以及红外感应等技术手段对景区旅游资源的温度、湿度等物理参数进行监测，通过网络传输至数据中心，完成各类景区资源与环境管理数据的全方位采集。

（2）由人工或者系统自动地对采集到的各类数据进行处理和关联分析，以形成对景区资源与环境进一步优化的相应对策进行建议，从而为旅游景区的建设和规划提供科学依据，保障旅游景区的可持续发展。

（3）设立景区资源与环境管理的预警系统，通过设定相应监测指标的阈值，对各种风险隐患以及灾害事件进行及时预警和有效处置。

三、智慧酒店的意义与系统构成

智慧酒店建设起源酒店信息化的发展，是指酒店的产品、服务、管理技术的信息化与智能化。智能化所带来的定制化、差异化、个性化、人性化的酒店产品和服务为酒店业带来创新与发展的机遇；智慧化使酒店的管理更加科学、更加有效率，也更加具有个性。

（一）智慧酒店的意义

第一，智慧酒店实现了酒店信息管理的数据集中化、应用一体化、管理平台化，更为前后台一体化、大数据挖掘、电子商务的开展提供了有力支撑。智慧酒店实现了远程登记、自动身份辨别、自动付款，一卡通与指示牌自动引导入住，按需设置客房环境与客户要求。酒店的互联硬件如微信开门有云柚科技的产品，空调管家有脉思多能产品，酒店客控有幻腾智能的产品，酒店自助入住有复创科技的产品。酒店云平台有绿云科技的产品，酒店大数据有众芸科技的产品，酒店云数据有西软科技的产品。酒店云平台的建设可以更加方便地与管理系统各部分相连，智能化部署及维护，精控各项成本，及时掌握诸如酒店服务器与机房设施的能源消耗，快捷、便利的管理控制功能更是大大地节省人力、物力和时间成本；同时，也实现了更好地向住店客人提供周到、便捷、舒适、智能化的服务。

第二，智慧酒店将不同酒店的硬件设施如装潢、客房数量与客房设施等质量和价格优势转变为及时、个性化、多元化、准确、质量和管理效率等功能优势的竞争，使不同酒店的综合服务成为竞争焦点。智慧酒店除了智能迎宾、接待、智能化的设施与人性化的设计之外，还能显著降低酒店运营成本、增加网络预订、提高营业收入增长点，对各类酒店信息加大了收集、分析、存储、调用、更新和集成的力度，整合与优化了酒店资源，在酒店内外实现互联互通，提高管理效率与核心竞争力。

第三，智慧酒店通过自身的网络销售渠道以及与在线旅游商的合作，增加了客户群，提高了酒店的规模优势和营销的范围优势。智慧酒店颠覆了传统意义上的酒店场所的许多功能，如由于移动网络的发展，酒店大堂完全不需要设立前台，同时大堂还可以成为各种非正式会议与活动的社交场所；智能网络设施设备及相应的应用软件，可以充分满足客户在酒店形成多样的娱乐生活及与外界的交往沟通；而客户的自助入住、预订产品及消费账单与结账手续更是完全实现智能化。此外，酒店的智能化照明、温控、洗涤、节能减排系统、手机App软件使用均可以更高效地工作。

总之，智慧酒店今后的发展，将向精品酒店、单体商务连锁酒店、家庭旅馆、民俗主题酒店等创新扩展，同时，使用智能机器人服务，自动识别客人需求，智慧酒店将真正成为未来时尚生活的典范。

（二）智慧酒店的系统构成

1.智慧宾客系统

酒店是为宾客提供住宿服务的场所，宾客体验的智慧化程度是智慧酒店发展的首要议题。智慧宾客系统以满足宾客的服务需求、提升宾客的智慧体验为中心，通过互联网、移动通信、物联网以及云计算等技术的应用，让宾客能够方便快捷地完成酒店的预订、入住登记以及退房离店等各项手续，充分享受智慧酒店带给宾客的乐趣和便利。

（1）预订和退订酒店

酒店的预订和退订是宾客最为关注的基本服务，也是体现酒店智慧化程度的重要标志。目前，越来越多的酒店已经意识到方便客户预订和退订酒店的重要性。对智慧酒店而言，一方面要充分利用目前已具有成熟模式和良好基础的第三方预订平台；另一方面应开发自己独立的客房预订系统，方便宾客通过实名认证等方式办理相关业务，同时也便于酒店更好地对宾客进行长期的管理。

（2）智慧引导宾客

宾客每当进入一家新的酒店后，总会感到比较陌生，尤其是规模比较大、结构比较复杂的酒店。利用物联网结合移动通信等技术，通过感知等手段为宾客提供酒店内部的位置定位和目的地引导服务，既可以为宾客带来方便，又可减少酒店在引导服务方面的人力和物力的投入，使酒店和宾客共同受益。

（3）宾客自助离店

结算如何方便快捷地让宾客离店是体现酒店管理水平和服务能力的重要标志，酒店可利用智慧化的手段进行针对性的改进，包括宾客消费的实时结算、宾客个人信息的动态记录以及酒店物品的智慧管理等，提高宾客离店结算的效率，提高面向宾客离店服务的质量，进一步凸显智慧酒店的价值。

2.智慧服务系统

服务是酒店的命脉，是关系到酒店市场适应能力和竞争实力的首要指标。因此，智慧服务系统建设是智慧酒店发展的重中之重。智慧服务系统的建设内容包括以下五个方面：

（1）智能识别系统

宾客是酒店服务的主体，如何更好地为宾客提供个性化和人性化的服务，是酒店努力的目标。现代酒店服务涉及的信息广泛而复杂，对客户进行智能识别，并能针对特定宾客提供个性化的服务，是智慧酒店提供智慧服务的重要条件。宾客智能识别可采用无线射频身份卡、智能手机等，通过实时的感应，让酒店服务人员及时了解所服务的宾客是谁，他们有哪些个人喜好以及他们在酒店消费的历史数据等。在对宾客进行自动识别的基础上，为宾客提供更加体贴入微的服务。

（2）智能服务系统

客人住店期间有各种各样的服务需求，这种信息在传统的酒店管理环节往往经过多次传递而无法及时完成，甚至因此而招来投诉。利用智慧化的手段实现宾客信息在酒店各个环节的共享，进而提供面向宾客的一体化智能服务。当宾客的个人信息和服务需求信息提交给服务中心，服务中心按服务分工将相关信息传递给相关的服务部门和人员，对应的服务人员就能及时完整地理解客户的需求，并提供针对性的服务。服务完成后服务人员向服务中心确认完成，而服务中心则会征询客人意见，形成一个完整的服务闭环。这样整个服务过程就不会出现信息的损耗，可以说实现了"宾客—服务中心—服务部门—服务人员"之间的完美融合，达到了理想的智能化服务的效果。

（3）智能点餐服务系统

为宾客提供餐饮服务是很多酒店的基本业务，这一系统一般利用联网的平板电脑实现客户的点餐操作和前台的结算系统以及后厨的配菜系统互联，实现点餐信息的实时共享。既可以为用餐客人带来极大的点餐便利，又可以为酒店带来更高的效率，同时还可以显著地提升自身的服务水平。

（4）智能票务服务系统

客人入住酒店以后，免不了有各种票务服务的需求，智慧酒店需要为宾客提供全方位的智能票务服务，并根据宾客各自的出行出游需求提供针对性的票务服务。

（5）智能会议管理系统

在一些级别比较高、规模比较大的酒店一般都提供会议服务，为客户以及自身召开会议提供支撑。智能会议管理系统可以为会议的组织与管理提供全方位的服务，简化会议管理的流程，提高会议组织的效率。智能会议管理系统包括参会人员自动签到、会议室智能管理、音视频智能传输、参会人员行为智能分析等。此系统使酒店的会议管理水平和服务能力得到显著提升，同时也进一步提升了酒店服务客户的能力。

3.智慧客房管理系统

客房是酒店最重要的基础设施，也是宾客体验酒店服务的主要场所。智慧客房管理系统通过现代信息通讯技术在客房管理中的应用，全面提升客房管理的水平，进一步改善面向宾客的服务。智慧客房管理系统主要的建设内容包括以下四个方面：

（1）智能门禁系统

门禁系统是宾客和工作人员出入客房的主要载体，具备条件的酒店可探索利用生物技术、信息通讯技术等，进一步提高门禁系统的方便性、安全性和可靠性，为宾客创造更大的便捷。

（2）智能灯光、温度控制系统

灯光和室内温度的调控是酒店客房管理的重要内容，利用智慧化的手段可以有效地管理和控制酒店的照明和温度。利用客房智慧管理系统，宾客可根据自己的需要设定适合自己的灯光和温度。一旦宾客离开，客房会自动关闭所有设备，以尽量缩减能源开支；宾客回房间后，系统就会自动"唤醒"原先的设置参数，免去宾客反复设置和调试的麻烦。

（3）电视智慧服务系统

电视可以说是酒店每间客房的标配。充分利用电视这一媒介，是智慧客房管理的基本思路。宾客进入房间后，电视能自动选择以母语欢迎客人入住，并能自动弹出客人上次入住时常看的频道；能动态显示酒店所在地天气变化状况；为客人提供点餐服务；当客房外有人敲门时电视能自动显示来访者的图像；当宾客需要购物时，电视作为在线的购物中心，为宾客提供购物的便利。由此可见，电视作为客房智慧管理的重要接口，可以发挥出重要而又独特的作用。

（4）智能化的互联网接入服务

互联网接入服务已越来越成为客房的基本功能。智能化的互联网接入服务可以为宾客携带的笔记本电脑、智能手机、平板电脑等需要上网的设备提供自动的身份认证和快速接入互联网的服务。智能化的互联网接入必须围绕方便和快捷下功夫，为宾客尽可能提供高水平的互联网接入，进一步凸显智慧酒店和智慧客房的实际应用价值。

4.智慧内部管理系统

酒店内部的管理是酒店服务力和竞争力的内核，是决定酒店竞争力的关键因素之一。利用现代信息通讯技术实现智慧化的内部管理，对提升酒店的管理能力有着重要的意义。酒店智慧内部管理主要涉及以下三个方面：

（1）酒店员工的智慧化管理

员工既是酒店服务提供的主体，也是酒店最为宝贵的资源。利用现代信息通讯技术实现对员工的智慧化管理，不但可以有效提升员工的工作效率、降低人员成本，而且能提高员工的素质，促进员工之间的合作与交流。员工的智慧化管理通过建设智慧化学习系统、员工个人身份识别系统以及个性化绩效考评系统等方式，为员工的学习、合作和个人发展提供全方位的支持。

（2）作业流程的智慧化管理

酒店作业流程是酒店提供各类服务的基本依据，流程是否规范、高效、整合，直接影响酒店服务的水准。物联网、移动互联网等技术的应用使酒店作业的流程更加清晰、简洁、顺畅和科学，在提升作业效率、降低作业成本的同时，为宾客提供更加卓越的服务。

（3）酒店资产的智慧化管理

每一个酒店都有不同数量的各类资产，如何对资产进行有效的管理，对资产作用的发挥有着重要的关系。酒店资产的智慧化管理包含静态管理和动态管理两个方面：静态管理侧重于对资产基本信息的管理，比如对酒店内部设施、电脑设备等资产信息的采集与规范化的管理；动态信息则主要针对各类作业资产运营状态的动态实时监控和管理，比如对处在服务状态的车辆、游泳池、音响等实现作业状态的实时数据或图像的采集和共享，以便能对作业状态进行有效的控制，防止一些意外状况的出现，同时也可有效提高资产的利用率。

四、智慧旅行社

智慧旅行社是指利用互联网，融线上线下旅游资源与精准化服务为一体。智慧旅行社主要具有融合性、便捷性、低成本性、智能化、平台化、社交化、移动化、可视化、大数据化等特征。智慧旅行社加速了传统旅游产业和旅行社的整合，降低了交易成本，削弱了旅行社信息垄断，提高了旅行运营的效率，更好地满足了旅游者个性化、多样化与网络化的要求。因此，智慧旅行社需要结合线上线下，以客户需要为核心，以提高旅游服务水平和服务质量为根本。智慧旅行社可以实时掌控境内外团队及导游领队、导游轨迹等跟踪信息，并随时对带团质量进行监控，进行游客咨询管理，及时对游客的意见进行反馈处理，为旅游服务品质和导游领队评级定薪提供依据。

智慧旅行社的构建如下：

（一）智慧旅行社的基础架构

1.云计算

智慧旅行社的云计算应用主要体现在旅游资源与社会资源的共享与充分利用上。

2.物联网及泛在网

物联网是新一代信息技术的重要组成部分。物联网就是物物相连的互联网。这有两层意思：①物联网的核和基础仍然是互联网，是在互联网基础上延伸和扩展的网络；②其用户端延伸和扩展到了任何物体与物体之间，进行信息交换和通讯。智慧旅行社中的物联网可以理解为互联网旅游应用的扩展以及泛在网的旅游应用形式。物联网技术突破了互联网应用的"在线"局限，而这种突破是适应旅游者的移动以及非在线特征的。泛在网是指无所不在的网络，即基于个人和社会的需求，利用现有的和新的网络技术，实现人与人、人与物、物与物之间无所不在地按需进行的信息获取、传递、存储、认知、决策及使用等的综合服务网络体系。

（二）智慧旅行社的商业模式

1.品牌营利模式

品牌营利模式是指在一个生意的日常经营管理中，经营者始终以品牌产品作为利润的生成和产出的载体，企业所有经营要素均是围绕品牌产品差异化来进行培育和配置的。

2.规模营利模式

规模营利模式是指在企业或者商业的发展过程中，把扩大市场空间或者经营范围作为对抗竞争、获取利润的基本保障的生意经营思路。

3.服务营利模式

通过提供顾客需求的服务，或在产品中增加或创新服务的方式来为产品增值，从而更有效地满足顾客利益的一种营利模式。这在零售行业中应用较为广泛，零售行业本身不能为顾客提供决定产品的质量等物质价值，但是能够决定产品到达消费者手中的方式和途径，服务的水平、形式、内容往往能够为产品增加价值，在营利要素的占比中服务所占的比例是很大的。

4.战略联盟营利模式

旅游产业涉及众多行业和企业，要进一步扩大旅游产业，关键是要整合产业资源，当务之急是建立战略联盟。

第三节　旅游产业的创新实践

一、旅游产业创新的意义

（一）正确认识资源优势

丰富的区域旅游资源，可以为旅游创新发展奠定了良好的物质基础。可以作为优势的旅游资源包括：①优越的交通区位优势；②独具特色的生态旅游资源；③厚重的旅游文化积淀。

（二）把握发展机遇

产业结构的调整和服务业的加速发展，使作为世界第三产业、全方位的动力产业、新时期的富民产业和成长中的生态产业的旅游产业迎来了新的更大的发展空间。旅游产业是以生态环境为基础产品，与生态环境之间存在着天然的耦合关系，本质上属于生态友好型产业。旅游产业已经远远超出了原有的范畴，广泛地涉及娱乐、餐饮、交通、文化、工业、农业、林业、水利、商贸、建筑等产业，成为一种综合性的经济形态。旅游产业在国民经济发展中具有十分重要的地位，已经具备了强大和坚实的支撑平台，具备了依靠旺盛的市场需求反哺其他产业、推动社会经济整体发展的条件。

（三）打造生态旅游城市

旅游产业的发展顺应了产业结构调整和服务业加速发展的新形势，迎来了新的更大的发展空间，为旅游产业发展模式的创新提供了原动力和总体目标。打造生态旅游产业集聚区的旅游发展重点，制定特色旅游开发战略和旅游品牌国际化战略，努力将旅游产业培育成为新兴国民经济支柱产业，建设有影响的生态休闲度假胜地。

二、旅游产业的创新经验

下面以新沂"一山一湖一古镇"旅游产业集聚区发展的实践为例，解读旅游产业在特定的区域中，可以依据不同要素达成旅游产业创新发展的目标，提升区域城市的知名度与旅游品牌，带动相关产业与服务的快速发展。

（一）"一山一湖一古镇"旅游产业集聚区的发展优势

大自然的博大襟怀，孕育了新沂山水的钟灵毓秀，造就了新沂独特的生态旅游资源优势。以马陵山、骆马湖、窑湾古镇、古运河风光带、沭河塔山风光带、新沂两大工业园区为代表的六大景观优势，是新沂发展旅游业的重要载体。其中，马陵山国家4A级旅游景区、骆马湖旅游观光区、窑湾古镇已经构成具有新沂特色的"一山一湖一古镇"旅游观光休闲业。

新沂为实现建设"苏北最佳旅游城市"的目标，逐步打造"一山一湖一古镇"生态旅游产业集聚区的旅游发展重点，制定了以山水古镇游览为龙头、中国东方花厅文化为核心、生态休闲度假为基础的旅游开发战略和旅游品牌国际化战略，努力将旅游业培育成为新沂的新兴国民经济支柱产业，建设成"白天人头攒动、人声鼎沸，夜晚精彩纷呈、魅力无穷"国际上有影响的生态休闲度假胜地。新沂旅游产业发展模式的创新具体体现在以下几个方面：

第一，彰显新沂生态魅力。加强骆马湖、马陵山生态环境保护和利用，加快高效观光农业的发展，打响新沂"春夏秋冬都能观光赏景，一年四季皆可休闲娱乐"的生态农业观光旅游品牌。

第二，突出中国东方花厅文化特色。坚持"依托文化发展旅游，依托旅游创造品牌，依托品牌拓展产业，依托产业反哺文化"的发展思路，以中国东方花厅文化为核心，将文化旅游作为新沂战略性支柱产业进行重点培育，走出一条靠文化支撑、靠特色取胜、靠品牌提升、靠产业拓展的旅游发展道路。

第三，打造精品旅游项目。坚持以创新为手段，以项目为支撑，以精品为龙头，引爆旅游市场。

第四，开拓区域旅游市场。坚持市场导向的营销观念，进一步找准市场定位，挖掘消费潜力，塑造旅游形象，加大促销投入，拓展营销渠道，创新促销手段，提高新沂旅游的知名度和影响力，促进旅游客源市场的快速增长和旅游效益的大幅度提升。

第五，营造优质旅游环境。为新沂旅游发展营造一流的生态环境，优化特质的文化环境，构建便捷的交通环境，创造和谐的人际环境，并进一步完善旅游设施和服务功能，使之成为功能完善、品质优良的精品旅游区。

第六，培育文化旅游产业。大力发展文化旅游产业，强化核心产业，拓展相关产业，优化产业结构，延伸产业链条，推动产业集聚和产业复合，建设文化产业园区，提升产业综合效益，促进旅游与文化及相关产业形成良性互动和共同发展格局。

（二）旅游产业的创新内容

新沂"一山一湖一古镇"旅游产业集聚区发展，给予我们发展旅游产业创新的启示如下：

1.树立创新发展理念

区域旅游产业创新发展的实践源于旅游发展思想观念的创新。如新沂市举办了"兴思想解放之风，走科学发展之路"大讨论活动，用"十破十立"进行思想的碰撞。组织全市上下到发达地区参观学习，开阔眼界，坚持"无中带来生有、策划带来惊喜、创意带来产业、游客带来繁荣"的创新创意理念，探索旅游开发的新思路和新形式。因此，我们应该积极开展调查研究、先后对区域旅游产业发展、乡村旅游、古镇旅游开发等多个专题进行重点调研，认真谋划旅游产业旅游发展的战略和定位，坚持创新创意理念，探索旅游开发的新思路和新形式。

2.创新发展模式

加强旅游资源一体化管理，切实保护利用有限的旅游资源，发挥旅游经济的整体效能，打造旅游经济集聚区，建成旅游经济开发区；全方位整合旅游要素、整合产业体系，逐步形成旅游发展新模式。如新沂的旅游资源相对集中在西南片区，为加强旅游资源一体化管理，切实保护利用有限的旅游资源，发挥旅游经济的整体效能，新沂创造性地提出：打造新沂旅游经济集聚区，建成全国最大的旅游经济开发区，在发展上把旅游经济与工业经济放在同等位置，齐头并进，共同发展。因此，我们需要注意的内容包括：①突出重点；②加快旅游文化建设；③加快旅游文化建设；④加大乡村旅游景区建设；⑤大力改善交通基础设施建设；⑥着力完善旅游服务功能。通过实施项目带动战略，区域旅游环境和基础设施条件不断改善，服务功能日趋完善，旅游资源优势正在逐步向产业优势转变。

3.创新体制机制

体制机制需要充分发挥政府对旅游的主导地位、强化市场资源配置的基础作用，调动全社会的力量共同参与旅游产业的发展，从而基本解决了体制机制不顺的难题。

（1）成立了区域的旅游产业发展领导小组，坚持属地管理、分级负责、条块结合的原则，逐步把与旅游产业密切相关的边缘性、辐射性、交叉性领域纳入旅游产业管理范围，解决该管管不了的问题。

（2）转变管理观念，增强旅游产业管理部门的调控手段，提高行业管理的有效性。同时，强化服务职能，由重管理转为重服务，开展了星级饭店评定、旅游定点单位授牌、优秀景区创建等多项活动，探索为市场认可的服务手段，拓展旅游管理和服务空间。

（3）解决资金投入不足的难题。以大的财政投入，发挥政府的推动作用，设立旅游发展专项经费，主要用于旅游规划、基础建设、形象宣传、公共信息平台、培训、奖励等公共服务投资，改变旅游环境和形象。

充分发挥企业职能，政府出资收购聚合景区现有旅游资源，整体交与公司发挥集群效应。企业按照现代企业制度，实施市场化运作，重点实现了四个功能：作为信贷主体推进银旅合作，加快旅游项目配套基础设施建设步伐；作为法人主体，将政府投资固化为有增长能力的国有资产，形成发展资本；作为项目孵化机构，进行前期协调和建设，然后将成熟的项目转让给商业投资机构，加快建设步伐；作为融资机构，吸纳企业和社会资金，为城市旅游发展提供了强有力的资金支持。

4.创新发展政策

只有创新才能打破旅游发展中的"瓶颈"，只有创新才能突破旅游发展中的障碍，而政策创新尤为重要。学习借鉴先进经验、做法，制定了相关具有创新意义的政策。

（1）积极呼应国家宏观政策，出台了一系列加快旅游产业及服务业发展的政策措施，拓宽融资渠道，优惠土地、税费政策，鼓励支持民间资本参与旅游产业开发，充分调动广大干部群众的积极性和全社会各方面的力量，引导走生态旅游发展的道路。

（2）努力创优本地政策环境，积极优化旅游发展氛围，形成加快创新发展旅游产业的浓厚氛围。通过宣传发动、典型示范，引导大家解放思想，转变观念，破除小富即安、小进即止的保守思想，激发全市人民的创业热情，倡导创业光荣、致富可敬的良好社会风尚，树立投资创业致富理念，培养创业型市民，打造创业型旅游城市，形成了生动活泼的崭新局面。

5.创新基础投入方式

旅游基础设施的先行性和基础性，决定了在发展旅游产业的过程中必须坚持旅游基础设施配套先行的方针；旅游基础设施的公共性、非竞争性要求大量的基础设施建设资金投入必须通过政府行为予以实施。建设以旅游道路为主的各项基础配套设施，就必须创新思路，破解资金短缺瓶颈，最大限度地利用政府资源，调动全社会的力量，共同加强对旅游基础设施建设的投入：

（1）利用省市道路专项资金加大旅游交通重点工程建设。积极把重点工程项目纳入国家、省、市交通建设计划，争取建设资金。

（2）通过两大旅游公司市场化运作，吸纳资金加强旅游基础配套设施建设。

（3）将基础设施配套建设项目列入重点工程，争取省市旅游专项配套资金。

（4）通过市场化运作、开放式竞争、社会化参与等多种方式加大城市建设的投入，提高城市整体旅游服务功能。

6.创新宣传方式

实施旅游品牌整体营销，建立健全旅游市场宣传促销体系，坚持政府主导、企业主体、区域联合的宣传促销机制。

（1）市委、市政府主要领导带头宣传区域旅游。

（2）多种媒体全方位宣传区域旅游。

（3）突出节会品牌营销。坚持工作方针，突出节会品牌营销。通过精心筹备，展现特色，打造亮点，提升了营销实效和品牌效应。

（4）进行区域合作联手营销。按照影响苏北鲁南、覆盖淮海经济圈基础市场，辐射长三角、珠三角及东部沿海等目标市场，吸引全国和境外地区等机会市场的思路，大力实施"走出去"战略。与南京、徐州、淮安、连云港、临沂、枣庄等地组建资源共享、市场互推、利益双赢的无障碍旅游区；积极参加扬州、镇江、无锡、苏州、南通等苏中苏南城市旅游推介会与"西安、太原、郑州"三市旅游宣传推介会，强力宣传营销，旅游市场不断拓展。通过以上宣传推介措施，极大地拓展了区域旅游的旅游市场，提高区域的知名度和美誉度。

7.创新旅游策划

打造高标准的生态旅游城市，避免旅游资源开发浪费，在旅游策划、规划上采取了一系列行之有效的新举措。

（1）请专家高手指点迷津。聘请全国一流的策划机构的有关专家，编制整体策划，明确市场定位、主题定位、形象定位、确立核心吸引力；依托创造性思维，整合区域旅游资源，实现资源、环境、交通与市场的优化组合，提高旅游发展档次。

（2）加快旅游规划的编制，基本实现全市旅游规划全覆盖。以资源分布为基础，依托交通网络和城镇体系布局，按照支撑大产业发展格局的要求，初步形成了新的旅游产业发展空间布局。

（3）严格旅游规划管理。对所有旅游开发建设项目严格审核把关，未经旅游部门、规划部门批准的已建旅游项目坚决依法限期拆除，杜绝对旅游资源的建设性破坏，切实促进全市旅游产业高水平开发和可持续发展。

8.创新发展路径

以旅游产业为龙头，积极推动产业联合，延伸旅农林水产业链、旅文娱康体产业链、旅工商贸产业链、旅城居养产业链、旅科教智产业链，形成产业群，培育大旅游产业体系。

（1）与商贸业联动发展。逐步形成以商贸带动旅游，以旅游促商贸，通过商贸繁荣旅游，旅游与商贸良性互动发展的格局。通过商贸与旅游的联动，促进旅游购物，推动旅游产品结构和消费结构的优化调整，全面提高旅游经济效益。

（2）与文化产业联动发展。加强对文化旅游产品的开发与研究，以培育旅游文化、开发文化旅游产品为手段，以文化主要载体，加强文化对旅游发展的促进作用，提高旅游的文化内涵，推动旅游产品结构优化升级和文化产业蓬勃发展。

（3）与交通运输业联动发展。建立安全、便捷的旅游交通运输体系，结合旅游特点完善建设功能齐全的汽车站以及汽车服务中心、加油站等，完善了客运场站、停靠站的建设，增加旅游专线车等，提供全方位立体化的旅游交通运输服务。加强重要路段的旅游交通标志设置；在火车站、汽车站、徐连高速出口安装大型广告宣传牌，增强旅游的便捷性和可进入性。

（4）与农业联动发展。利用农林特色旅游资源积极有效地开发多种类型旅游产品，有效促进社会主义新农村建设，深化旅游扶贫职能，完善旅游产品结构，提高旅游品位，形成"以村庄建设促进旅游发展，旅游发展带动村庄建设"的良性循环。

（5）与城市建设联动发展。结合实施城市建设重点工程，进行城中引河、人民公园、沭河风光带等改造工程，抓好城市基础设施建设，完善服务功能，提高接待能力。加大对四个中心镇的建设，突出城镇特色，凸显地域文化特征，充分考虑旅游元素，做到"城旅一体化"。通过旅游产业的快速发展，搞旺人气，带动城市经济繁荣。

（三）旅游产业集聚区发展的创新经验

以新沂"一山一湖一古镇"旅游产业集聚区发展的实践为例，总结的经验如下：

第一，政府推动。新沂市把发展旅游产业上升为全市的发展战略，摆上重要的议事日程，出台了若干份鼓励旅游产业发展的政策措施，财政逐年加大对旅游产业的投入，用于全市重大旅游项目开发补助、旅游人才培养、旅游总体规划编制，支持和奖励海内外市场营销、旅游领域的创优创新，促进旅游产业的快速、健康和持续发展。政府加大对旅游基础设施的投入，为旅游产业的发展营造了良好的外部环境。

第二，龙头舞动。重点推进精品项目，大力开拓亮点项目，积极扶持特色项目的方针，调动各方积极性，重点突出，分工合作，任务明确，责任到人，努力推进项目建设进程。目前，马陵山、窑湾古镇和骆马湖三大龙头景区已经成为新沂旅游发展的主体。

第三，公司主动。转换经营机制，创新实行"公司+景区"的模式，推动国有资本主导旅游资源开发，成立两大国有旅游开发公司发挥主渠道作用，对景区实行公司化管理、市场化运作，招商引资，带动吸引各类资金加盟，同时提高景区管理水平，提升景区景观质量，迅速做强做优旅游产品，是新沂旅游产业快速发展的一种成功的尝试。

第四，政策发动。区域旅游产业的发展通过改善外部投资环境，吸引社会资金投入旅游产业，将各级政府对旅游产业的重视真正转化为切实可行的扶持政策和措施。新沂市出台一系列政策保障，为旅游企业营造公平宽松的经营环境，切实保障投资者的投资利益。

第五，集聚拉动。旅游产业集聚区是旅游产业发展的战略龙头、招商平台、品牌载体和产业基地，是现代旅游产业发展的新模式。区域旅游产业的发展为了打破散小弱的发展格局，提出了打造"一山一湖一古镇"的旅游产业发展集聚区战略，并对三大资源进行了集中性开发，落实相关配套优惠政策，培育旅游产业集群。

第六，规划带动。以旅游产业发展思想大解放为契机，新沂聘请了专家进行旅游空间策划，编制多个规划，使全市旅游产业和重点旅游景区规划基本全覆盖，加强了旅游规划与城市规划的协调，提高了旅游规划的权威性，进一步发挥规划在旅游产业发展中的指导和调控作用。大量旅游规划的编制不仅使新沂旅游开发有了蓝本，更为重要的是使旅游部门和社会各界通过规划的编制过程解放了旅游发展的思想，充分发挥了旅游规划对区域旅游产业发展的带动作用。

第七，形象驱动。现代旅游产业已经从资源和市场驱动发展为旅游目的地整体形象的驱动。新沂旅游目的地形象从过去旅游市场知名度很低的苏北农业大市，通过近年来的宣传推广，成为在旅游市场上有较高知名度的"一山一湖一古镇"的生态旅游目的地。进而推动了新沂城市旅游品牌"来到新沂，心旷神怡"的宣传。旅游目的地形象的成功推广为新沂旅游产业的发展带来了广阔的客源市场，也带动了新沂城市建设、服务业和其他相关产业的快速发展。

三、中医药产业和旅游产业的融合创新实践

中医药旅游产业中医药旅游产业属于生态旅游的一个分支，是一种探索性的，以中医药为载体的旅游项目，集社会、环境、经济价值于一体，是生态旅游中极具特色的一种旅游方式，是中医药的延伸和旅游业的扩展。

中医药旅游产业是以中医药为载体，以旅游资源、旅游营销等为介质，联合开展具有医治、康复、保健、养生等为特色的旅游活动，可以帮助人们认识中医药的相关文化、知识和意识到自身所出现的问题，并能够提供帮助。从产业的角度来看，中医药旅游产业就是围绕中医药这一主题，提供与旅游相关的产品和服务，满足消费者健康的需求而形成的一整套的产品。中医药旅游产业是一个完整的依靠旅游营销等模式，新型开展的一种具有我国强烈文化气息的创新旅游新业态及生产链条。下面以南阳市中医药旅游产业为例，解读旅游产业与中医药的创新实践。

（一）中医药旅游产业的优势

1.政府的重视

中医药文化作为人类的文化遗产，国家对中医药文化发展和传承越来越重视，颁布了一系列文件，旨在推动中医药的健康向前发展。积极促进健康与养老、旅游、互联网、健身休闲、食品融合，催生健康新产业、新业态、新模式。

发展发扬中医药事业，全面提高人民健康水平、促进人民健康发展，为新时代建设健康中国明确了具体落实方案。"一带一路"倡议的提出更为中医药的发展增添了动力，也为中医药全面走向世界明确了方向，为亚欧区域医疗卫生领域的合作增加了活力，为世界发展健康产业提供了新路径。

为了促进中医药和相关产业的发展，一系列国家政策的相继出台，为中医药和旅游业融合、创新式发展提供了政策保障。这一系列举动都说明政府已经对"中医药+旅游"这一新型的旅游方式的认可，并认识到这种旅游方式在居民健康生活中扮演着越来越重要的作用，这些措施和政策的实施为中医药旅游产业的良好发展提供了的环境。

2.生产要素的良好

（1）南阳市的人力资源充足

人力资源是一个城市的软实力，一个城市的人力资源的好坏强弱，会直接影响整座城市现在和未来的发展。南阳位于河南、湖北、陕西三省交界地带，区位独特，处于西安、武汉、郑州三大都市圈的中心位置，向南能够便捷融入长江经济带，向北能够以南水北调中线工程为桥梁融入京津冀协同发展战略，是豫西南政治、经济、文化、科教、交通、金融和商贸中心。因此，充足的人力资源为南阳市带来了丰富的劳动力，为经济的快速发展提供了充分的保障。

（2）南阳市的基础设施良好

南阳作为中国优秀的旅游城市，地理位置优越，交通便利，是豫、皖、鄂、陕交通要道，公路、铁路、航空运输业发达。

（3）南阳市的中医药旅游资源丰富

南阳有"医圣故里"和"药材之乡"的美誉，境内有张仲景健康产业园、医圣祠、绿色中医药生态园、中医药养生小镇为主题的旅游景点。为了使中医药更好地造福人们，南阳市产生了一大批优秀的中医药加工企业和中医治疗场所，不断完善中医药服务基础设施，以市、县级中医院为龙头，建设中医重点和特色专科。不断推进张仲景博物馆、张仲景国医院、张仲景国医研究院等场馆的建设，扩大张仲景品牌的影响力。

（4）南阳市的专业人才培养氛围良好

为振兴南阳中医药事业，南阳市出台了众多政策，旨在振兴南阳中医药事业，引进高层次中医药专业人才，加强中医药旅游服务人才培养教育，种种举措为南阳市中医药旅游的高质量发展增添了动力。

近年来，南阳市利用"仲景"的品牌文化影响力。吸引越来越多的青年人来到南阳学习中医药知识和文化，并且将基层的医药人员向高端的人才引进培养。目前，南阳市境内就拥有多个相关"张仲景"的医学院，已经成为培育"经方"

研究人才、"国医大师"传人的摇篮。

3.旅游需求的旺盛

随着医疗健康行业逐渐走进人们的视野，中医药旅游活动在其他地域已经开展，旅游需求量越来越大，吸引了众多旅游者前去体验，增长空间很大，这对于南阳来说是一个机遇，南阳本来就是优秀的旅游城市，自然资源和人文资源众多，加上南阳市又是一个中医药资源丰富的城市，可以借助这些优势，开展迎合人们需求的旅游项目，不但促进旅游产业的发展，促进经济增长，而且还能对中医药文化进行宣传、传承，让更多的人了解中医药文化，进而喜欢中医药文化，深入体验中医药旅游活动带来的身体享受。因此，南阳市应该抓住机遇，借助自身的优势来发展中医药旅游产业，这既是新的经济增长点，又是促进旅游产业高质量发展的一个契机。

4.产业的融合发展

中医药旅游实际上是中医药产业和旅游产业的融合之物，这两个产业不仅对中医药旅游起着支持推动作用，更是中医药旅游发展的前提条件。南阳还聚力发展中医药健康旅游和仲景特色小镇，并且预计建设众多个仲景特色小镇，以鲜明的中医药文化特色受到国内外游客的青睐。目前，在南阳，中医药产业和旅游产业互相支撑，共同为南阳市中医药旅游的发展提供强力的支持。

5.产业氛围的良好

旅行社和中医诊疗机构是中医药旅游产业的组成部分，这部分也是游客在开始这项旅游活动之前首先考虑的因素。旅行社的规模以及业务能力的高低、中医诊疗机构的服务水平以及诊疗费用这些因素也左右着游客的选择。随着市场的逐渐规范和游客对旅游体验的不断提高，南阳市打造"中医圣地、养生之城"的重大决策以及"一带一路"的发展背景下，旅游产业要获得高质量的发展，不但要开发出好的产品，而且要不断地拓展和迎合游客的需求，不断创新，为南阳市中医药旅游产业的发展提供动力。

（二）中医药旅游产业的创新发展内容与经验

1.中医药旅游产业的产品创新

（1）开发养生保健类中医药旅游产品

我国的人口老龄化趋势日益明显，南阳市可以针对老年游客的特点而开发出特定的养生保健产品，如中医针灸、艾灸盒、艾灸凳等。还可以结合我国传统的中草药，开发出中医药保健类的药酒，如人参酒等。根据老年游客的身体情况而开发出特定的旅游产品，在老年游客的旅游过程中，配备专业的中医药讲解人员为老年游客做细致全面的讲解，提出合理的养生保健规划和建议，使老年人在旅游活动过程中不但得到专业的讲解，还能学到养生保健知识，放松心情，保持健康。

（2）开发美容类中医药旅游产品

重视女性游客的群体，开发出温泉保健、温泉SPA、森林氧吧以及中医药美容等旅游活动，关注女性的自身的健康与美貌。也可以为陪同女性游客前来的男性游客提供温泉、药酒、药膳等中医药产品。南阳市自然资源众多，可以结合自身的优势，合理开发出森林探险，漂流等休闲旅游活动，使女性游客在游玩的同时，不但愉悦身心，还能使容颜美丽，青春常驻。

（3）开发中医药文化旅游类产品

开发中医针灸、中医把脉、中医体验等传统的中医文化项目。还可以引导游客参观中医文化博物馆，学习观摩中医的五禽戏、中医按摩等项目。体验中医把脉，了解自身的健康状况，品尝药膳、药酒等中医保健食品，体验中医保健项目，使外国游客了解中医传统文化，关注中医诊疗的作用，进而向世界宣传中医，宣传中国的传统文化。

2.中医药旅游产业的技术创新

（1）新科技支持产品研发

南阳市中医药资源丰富，中医药加工企业多，可借助新科技的力量，加强新产品的研发。如何适应更多的人群，这对生产企业来说是一个难题，也是一片更大的市场。可借助新科技，加大研发投入，鼓励更多企业投入到新产品的研发之中，开发出品类更多，效用更广的产品。

（2）新媒体助力宣传推广

南阳市为了推动中医药产业的发展，以中医药旅游产业为基础，加强地方特色文化的发掘，并借助宣传推广出去，为需要的消费者提供旅游去处。从这方面看，南阳市对中医药旅游的宣传力度不够，没有突出南阳市中医药旅游的特色和文化内涵，没有展示出其精髓。因此，南阳市中医药旅游的宣传必须认真对待，改变过去单一的手段。

第一，借助网络媒体。目前人们对互联网的依赖程度已经到了不可缺少的地步，鉴于此，可通过互联网来对中医药旅游信息进行宣传与推广。从互联网的性质来看，网络具有信息传播形式多样、成本低、实时性强、覆盖面广的优势；同时可以将医疗健康发展结合公众号、图文等形式、向老年人进行推广，定时向人们推送。

第二，通过广告媒介。通过各种广告媒介来对中医药旅游信息进行宣传与推广，是目前普遍采用的方式。将中医药旅游信息做成广告牌，竖立在火车站、高铁站、机场、城市中心广场等人流量大的场所；或者制作成视频，在电视、城市广场等大屏幕上播放。

第三，打造良好口碑。只有人与人之间的宣传，才能够让南阳市的医药旅游行业健康地长期发展，医药旅游过程中的良好体验通过口碑传递给别人是对这个旅游目的地进行直接、最好的宣传。除此之外，南阳市每年举办的张仲景科技文化节、月季展览会也是良好的宣传。因此，做好中医药旅游的宣传推广工作是中医药旅游创新发展的重要措施。

（3）新技术增强游客体验

目前，互联网、5G等新技术日新月异，被应用于各个领域。当然在旅游方面也有新技术大展拳脚的地方。

在景区的各个角落处，安装摄像头等传感器，收集游客的游玩信息，然后集中反映到景区的控制中心，运用大数据技术，分析游客在景区某处的停留时间或者对某个景点的观看时间，从而掌握游客对哪些景点感兴趣，便于景区做优化。还可以查看哪些景点游客过于集中，提前发布相关信息，提醒游客做好规划，避免拥堵。

建立景区的虚拟体验馆和网上虚拟体验，运用VR等技术使部分没有前来或者没有时间前来体验的游客提前感受到景区的精彩，让游客随时随地感受到景区的精彩，体验网络旅游，感受现场气氛，吸引游客来现场体验。建立新型的票务系统，此票务系统和景区的游客承载能力息息相关，时刻控制着景区内游人的数量，避免游客过多，超过景区的承受能力，对景区环境造成破坏，做好可持续发展、永续发展。

3.中医药旅游产业的市场创新

（1）开辟细分市场

根据每个人对旅游产品需求的不同而开发不同的中医药旅游产品，如针对老年游客的特点，开发出养生保健类中医药旅游产品；针对女性朋友爱美的特点，可以开发出温泉、药物美容、针灸美容、刮痧拔罐等保健美容类的中医药旅游产品；针对青少年游客，开发出森林探险、森林徒步、攀岩、水上类的活动等探险、刺激的旅游产品。通过分析不同游客的旅游需求，据此来开发出满足不同游客需求的产品，来丰富市场。

（2）打造特色品牌

南阳市中医药旅游的品牌文化打造，要积极运用本土的中医药文化、以传统的历史文化为发展根基和品牌宣传重点。南阳市独特的发展历史，正是打造品牌差异化的优势。利用独特的中医药文化资源，在旅游的发展过程中，重点突出历史人物，即医圣张仲景。南阳市与张仲景有关的历史遗迹大部分都保存完好，其中医圣祠最具有代表性，医圣祠其独特的历史和精神，正是我们打造品牌文化的中心，可以以医圣祠作为宣传重点，在游客观光医圣祠的同时，了解南阳当地的本土文化和品牌形象。

南阳市中医药旅游以张仲景为品牌，不但在旅游方面具有深厚的文化内涵，而且还独具特色。南阳市目前也在着力推进张仲景文化交流，连续举办张仲景科技文化节，以此来扩大张仲景的品牌影响力，宣传南阳市中医药旅游。特别是借助"一带一路"，南阳市把中医针灸法推广到世界上30多个国家和地区，让中医药走向世界。因此，张仲景就是南阳市开展中医药旅游的金字招牌。

4.中医药旅游产业的资源创新

（1）推进中医药相关产业融合发展

中医药旅游是一项多行业共参与的旅游方式，需要多行业紧密配合，协同发展。南阳市政府已经规划了建设以医圣祠为核心的张仲景健康产业园的构想，作为中医药旅游的有力的补充。

第一，以建设张仲景健康城为平台，推进中医药产业多元化发展。鼓励农户种植、培育艾草产业，扩大产业规模，实现艾草产业的种植、加工、销售一套龙服务。

第二，扶持培育本地中药企业扩大生产规模，加大资金投入，生产研发更多消费者喜爱的产品，抢占更多的市场份额，繁荣南阳市中医药加工市场。

第三，推进养生养老产业发展。继续培育十大中医养生连锁机构，鼓励其在中医健康市场继续探索，建立医养结合基地，开发四位一体医疗保健模式。鼓励县区结合自身的优势资源，探索中医药旅游发展的新模式，持续建设中医药种植基地，并规划建设仲景特色小镇。因此，延伸张仲景品牌的产业链，促进中医药旅游产业多元化的发展，是南阳中医药旅游创新发展一项重要的举措。

第四，以三大园区为支撑，促进中医药产业共同发展。结合南阳市的自然资源和中医药资源，以中心城区为统领，以张仲景健康文化园、张仲景健康产业园、张仲景健康养生园三个园区为支撑，向各县城、基地（景点）辐射延伸。三个园区分别以健康文化、健康产业、健康养生为侧重点，互为补充，打造中医药旅游产业集团，将产业园打造成集医疗、康养、旅游、休闲于一体的综合性旅游景区，形成强大的合理，从而促进南阳市中医药旅游产业的发展。

产业集团内以共享、融合的理念，借助新媒体、新技术，实现信息互通共享，时时为游客提供最新的旅游咨询，以及产业集团内各个景区的游客数量，为游客的下一步游览提供最精准的引导。产业园内实行方便、快捷的交通，为游客带来良好的出行体验，节省时间。产业园内的景点相互协作，资源共享，共同发展。

（2）推进中医药产业和旅游产业融合发展

中医药作为我国的宝贵文化遗产，在诊疗、保健方面发挥着重要作用，一直受到人们的追捧和喜爱。如何让更多的人了解和喜爱中医药这项传统文化，我国政府也做了很多的努力，比如发布许多中医药产业的促进政策，来促进中医药产业的发展，使更多的人受益。旅游业是一种以劳务销售为特征的服务行业。它提供给旅游者的产品是固定的、有形的设施和无形的服务，使旅游者获得物质享受和精神满足。而中医药产业作为一种有形的产业，可以具有旅游的属性，它和游客建立旅游关系，为游客提供产品和服务。

中医药旅游是以中医药为载体，融合当下人们所喜欢的旅游项目的特色休闲旅游，它不仅可以满足人们在旅游过程中对新事物的探索和扩大知识面，同时还可以满足基于中医药的各种身心健康发展的多样化需求。中医药旅游顺应了我国未来老龄化和人们越来越注重养生的趋势和需求，丰富了当下的旅游模式，提升人们对健康的关注，使人们在放松、休闲之余，还能学会养生保健的知识，是一项有意义的产业。

政府应该加大一些政策优惠，如降低一些中医药旅游行业的税收，帮助当地企业加大对中医药旅游景区的投资和先进设备的开发和升级，帮助产业吸引更多的人才来引导南阳市优质的中医药资源和自然资源整合，融合发展，并搭建先进的技术平台，建立以企业为主体，以市场为导向，中医药和旅游相结合的中医药旅游创新发展体系。借助科技创新，加强中医药旅游资源的挖掘和推广，推动中医药旅游产业与科技的创新结合发展，开发基于中医药传统文化的旅游产品，提升南阳市中医药旅游产业的核心竞争力。

5.中医药旅游产业的组织创新

（1）健全中医药旅游产业管理机制

南阳市中医药旅游管理机构作为南阳市中医药旅游业发展和旅游资源配置的主体结构，其工作效率的高低直接决定着南阳市中医药旅游发展的高度。管理机构应该转变政府工作职能和工作方式，提高工作效率和管理水平，强化政府公共服务意识，推进公共服务体系建设，提高服务质量。

积极搭建公共服务平台，为旅游企业提供专业支持和服务，为南阳市中医药旅游产业的发展保驾护航。设立旅游产业相关资金支持政策，支持重点项目建设，支持有特色的旅游项目的发展。围绕中医药旅游产业重点扶持，使其成长为南阳市乃至全国闻名的中医药旅游示范区，促进南阳市中医药旅游健康、稳定地发展。

（2）创新中医药旅游产业管理体制

旅游业的管理体制需要灵活多变，根据旅游产业的发展状况而适时的调整，时刻跟紧旅游业发展的步伐。

第一，提高旅游产业在地方经济中的地位，促进中医药旅游市场的不断发展，借助宣传、推广等手段，扩大旅游景区的影响力。南阳中医药旅游产业发展潜力大，市场好，只要对旅游资源进行科学的、合理的规划，一定能成为全国知名的中医药旅游精品。

第二，创新管理手段，把管理与服务结合起来，才能带动旅游产业的迅速发展。在旅游服务管理上，提升旅游景区的服务质量、完善景区的基础设施，提升游客的旅游体验。现在我国的中医药旅游发展行业还处于初级阶段，并且人口老龄化要在2035年才会到来，中间还有很多机会和转折点，需要抓住契机，主动创造机会，不断创新旅游模式。推动深入融合，支持不同营销理念和经营方式的旅游企业的发展，形成各具特色的中医药旅游产品。

第三，完善管理机制，旅游管理部门要给予旅游企业经营自主权，让他们根据市场规律来不断调整经营策略，改变经营方式。政府部门只需要做好引导，避免干涉其经营。旅游企业和政府密切合作，明确分工，企业要规范自身，做好市场调查、市场细分、研究满足消费者需求的产品和建设产业链；政府也要积极修改政策、关注企业发展，把握全局动向，以动态的眼光看待变化，并且帮助企业走出困局，为他们提供第一手资料，同时积极打造城市形象。因此，不断创新管理体制，始终紧跟旅游业的发展步伐，也是南阳市中医药旅游产业创新发展的一个良好的措施。

（3）引进中医药旅游产业专业人才

目前，南阳市在发展中医药旅游产业的过程中，旅游产业和中医药产业的专业人才是重点引进的对象，应该制定一系列的人才引进、培养和奖励政策，留下人才、留住人才，为南阳市中医药旅游产业的发展助力。

针对中医药旅游行业的发展，更应该大力培养人才，因为我国传统中医药文化悠久，需要记忆了解，以及熟知的知识点众多，旨在药物种类记忆，相关用途等，就需要投入大量的资金和消耗；同时人才的培训特别是针对中医药旅游培训，周期长，并且因为其专业性，使得很多人不会选择本行业。所以从现在开始，除了加大外界优秀人才引进，更要积极投入到当地的人才培训当中，能够让相关专业人员，毕业就拥有熟练的知识，投入到南阳的旅游开发中。

南阳市还应该在人才引入后相关手续的办理上提供便利，简化程序，提升效率。对于已经引进的人才，根据学历、知识面，提供不同的薪资待遇；通过不同的薪资划分来留住人才，如根据需求，解决人才的住房和孩子的上学问题，对于配偶不在本地工作的，可考虑为配偶解决户口和工作问题，免除人才的后顾之忧。在人才奖励方面，对于有意向来工作的人才给予一定数额的现金奖励，提供安家费等。对于重点领域急缺人才，不但有高额的现金奖励，还有除工资以外的年终分红、假期、出国旅游等福利。

第六章　旅游管理的创新发展理念与途径研究

我国旅游产业要坚持以创新驱动为发展原则，将创新作为我国旅游产业发展的新动能，通过创新发展理念与途径，来提高旅游管理的新能效。本章对旅游管理的创新发展理念解读、旅游管理体制创新及新模式进行论述。

第一节　旅游管理的创新发展理念解读

一、人本理念

无论是科技的进步还是物质财富的创造，抑或是社会生产力的发展和社会经济系统的运行，都与人的服务、劳动和管理息息相关。树立人本理念是旅游管理工作必不可少的。人本理念就是以人为本的管理思想，强调人是一切管理活动的中心，是管理系统中最活跃、最具能动性、最具创造性的要素，是其他所有构成要素的主宰。在人本理念中，其不但对人在管理中的主导地位非常注重，做到人尽其才，而且对人才资源的开发、提高管理水平和管理价值也非常重视。从实质上来说，人本理念就是在管理中把人看作最主要的管理对象和最重要的管理资源，一切管理工作都必须调动和发挥人的积极性、主动性和创造性，以做好人的工作为根本。

旅游管理的人本理念是管理活动客观规律的反映，是人们对管理活动合理规律的理性认识。仅仅在协调或只顾引进上贯彻人本理念是不行的，而应充分培养、发掘现有人员的潜力，运用一切可能的方法来调动现有人员的积极性、主动性和创造性，最大限度地利用好现有人力资源，以此来推动企业各方面管理工作获得最大效益，达到以最少的资源代价去实现企业特定目标的管理目的。另外，"旅游产业发展的人本理念还要求处理好人与自然的关系，要求将旅游者与旅游地人民的感情交融放在一个重要的位置。"①

（一）旅游管理人本理念的基本内容

人是社会发展的决定性因素，任何事情都离不开人的劳动、服务以及管理。人本理念体现了现代社会对人的认识和对人性的理解以及管理理论的新发展。以下是人本理念所包含的管理思想主要表现方面。

1.重视员工的主体性

重视员工的主体性，体现人的重要作用，是管理实践和管理理论逐步发展的结果。从整个管理学发展来看，对人的认识大体经历了五个阶段，分别提出了"工具人""经济人""社会人""决策人"和"复杂人"的观点。

在"工具人"与"经济人"中，其早期的观点是把劳动者视为生产过程中一种不可缺少的要素，劳动者被看成是机械的生产工具，将管理者的人与作为管理对象的人完全对立起来。在这两种观点中，只看到了人的经济需要，而忽视了其他的方面，片面地认为经济利益是人的动机和行为的驱动因素，经济动机支配着劳动者的行为。

人的行为动机也十分复杂。另外，人在个人需要及自我价值上也充满判断和取舍，经济动机只是其中的一个基本因素。因此，人不仅是一个"社会人"，而且还是一个"决策人"和"复杂人"。在这种认识指导下，管理者必须从多方面去激励员工，并对他们的行为进行引导，使其符合企业的要求。

2.员工参与促进有效管理的实现

实现有效管理，可以通过高度集权，凭借严格的管理制度和组织纪律，重奖重罚，以期确保个人职责及工作程序的最高、最大限度的效率，并有效地防止和消除渎职、怠工、腐败和浪费。通过这种方法，虽然能迅速达成意向中的效果，

---

① 余开远.论人本理念是现代旅游业发展的新趋势[J].生态经济，2002（12）：54.

但其中也有很多的弊端。例如，在这种管理中，严格的制度和信奉奖赏惩罚是其核心部分，但却无法保证制度正确、公平、公正的执行等。

另外，适度分权、民主管理也是一种实现有效管理的途径。依靠科学管理和员工参与，将个人利益与企业利益紧密结合，使企业员工能够自觉努力地工作，从而保证企业管理的高效。

3.尊重人性

人本理念要求对人的管理必须遵循人性化思路。在一个企业中，无论员工居于何种位置，他们在人格上都是平等的。尊重人性特点，是对人的潜力的开发与管理的出发点，也是终极目的。因此，追求"共同参与、共同发展、共同分享"，在企业中是十分必要的。在旅游企业的人力资源管理中，认识人性是人力资源开发与管理的前提和基础；尊重人性是人力资源开发和管理制度制定、实施的核心内容和具体体现，以人为本是人力资源开发与管理的目的和追求。只有认识到人性才谈得上尊重人性，进而根据人性的特点制定、实施各种管理方式，才能达到以人为本。

4.以为人服务为主

在人本管理中，强调以人为中心，管理的目的在于为人提供服务，其本身就是服务。人是管理主体，尊重人的权益，理解人的价值，关心人的生活，并且提供可靠的途径，创造优厚的条件，使人在企业中得到发展，实现人的目标。企业只有拥有满意的员工，才能保证生产经营活动的正常进行，才能获得最大的效益回报。企业为人服务，人为企业奉献。人是服务的主体，企业才会有生机和活力。

（二）旅游管理人本管理的原则

管理者对被管理者的尊重与信任和被管理者对管理者的拥护与爱戴是建立在人本理念的基础上。人本理念的贯彻需要遵循以下几个方面的原则：

1.旅游管理人本管理的行为原则

在现代管理学中，强调需要与动机是决定人的行为的基础。人类的行为规律是需要决定动机，动机产生行为，行为指向目标，目标完成使需要得到满足，于是又产生新的需要、动机、行为，以实现新的目标。管理者在了解和掌握这一规律之后，就应该对自己的下属行为进行行之有效的科学管理，将员工的潜能最大限度地发挥出来。行为原则是指管理者要求对自己下属的行为进行科学有效的管理，最大限度地调动员工的积极性、主动性和创造性。行为原则认为，对人的管理一定要具体体现在对人的行为的管理上，尤其是对人的动机性行为进行研究。只有通过对这种行为的科学管理，才能真正触动人的主导需要，从而引发出极大的动力，并正确引导其向企业目标方向发展。

2.旅游管理人本管理的能级原则

在能级原则中，认为人和其他要素的能量并不是相同的，而是有着大小和等级之分，并会随着一定条件而发展变化。因此，需要根据个人的能力大小来安排合适的位置，使每一个员工都能充分发挥自己的价值，以此来保持和发挥组织的整体效用。能级原则强调知人善任，调动各种积极因素，把人的能量发挥在与管理活动相适应的岗位上，是实现资源优化配置的重要原则。

3.旅游管理人本管理的动力原则

在动力原则中，认为事物要在有动力的情况下才会运动，否则就会停滞，管理活动必须有强大的动力，正确运用动力才能使管理活动持续有效地进行下去。管理动力是指在管理活动中可导致人们的活动朝着有利于实现组织整体目标的方向做有序的、合乎管理要求的定向运动的一种力量。人们对满足各种需要的追求是管理的动力之源。

正确把握动力原则，需要正确认识各种动力（物质和精神）的作用及相互关系，能够对各种动力进行综合运用，需要对个体动力和集体动力、眼前动力和长远动力的关系进行正确的处理，协调个人目标与集体目标，使两者的方向能够基本保持一致，尊重、引导和教育个人目标；还需要科学运用动力的刺激量。

4.旅游管理人本管理的纪律原则

旅游管理组织内部从上到下都应该制定并遵守共同认可的行为规范，一旦违犯了纪律，就应该得到相应的惩罚。贯彻纪律原则，需要建立纪律约束机制和行为监督机制，管理者不但要自己树立纪律理念，坚持原则，而且还要对员工的行为进行监督。另外，在组织内部还要建立个人行为自我约束系统，使每个员工自觉地进行自我管理，充分体现组织对人性的尊重。

总而言之，在旅游管理中，管理者要把人本理念贯穿于旅游工作的各个方面、各个环节，都要从游客的需求出发，以游客满意为目标，充分体现"人性化、亲情化、个性化"的要求，树立起旅游产业安全、舒适、文明的良好形象。

二、系统理念

（一）旅游管理系统理念的特点

旅游管理的系统理念，要求我们在实际工作中，必须从整体上来看问题，对于实际问题，必须用系统方法进行分析，正确处理组织内部与外部、局部与全局、眼前与长远利益的关系，确定正确的组织目标，合理运用所需的各种要素和资源。系统管理的特点，主要有以下方面：

1.旅游管理优化的整体性

系统管理模式是追求系统整体效能最优，作为一个系统，旅游组织与一般的系统不一样，它是经过人工改造或人工创造的特殊系统，是一种能动的系统。因此，整体优化在旅游系统中非常重要，管理者必须协调好组织的决策、指挥、监督、运营等系统，统筹好组织输入的人、财、物、信息与输出的符合社会需要的产品和服务，只有这样才能在实现经济效益的同时也实现社会效益。

2.管理目标的系统性

为了保证组织整体效能最优，对涉及组织效能的各个方面，系统管理模式都规定目标，也就是规定组织总体的奋斗目标。又通过目标分析，对各部门、各岗位的奋斗目标进行明确规定，进而形成相互依存的目标网络体系。

3.管理过程的完整性

系统管理模式将管理活动看作一个完整的过程，而不是某一个或某几个环节。

4.管理主体的全员性

系统管理模式认为，只有组织全体成员共同努力，才能实现组织目标。因此，主张实行全员管理，发动全体人员参与目标的制定及计划实施，主张自我控制。

5.管理职能的综合性

由于围绕实现目标的计划、组织、控制等职能活动，是相互渗透、相互制约、难以割裂的，因而，在结合管理的各种基本职能方面，系统管理模式十分注重各个环节的协调与配合，以发挥它们互为保证的作用。

6.管理方法的先进性

在系统管理模式中，现代管理方法运用较多，通过运用现代科学技术发展的最新成果，实施更为有效的管理。

7.管理程序的循环性

管理活动在系统管理模式中被看作一个由若干管理步骤形成的封闭的循环体，是一个周期连着下一个周期，进行无限循环。

（二）旅游管理系统原理的原则

贯彻系统理念，对管理系统的整体作以充分、细致的认识和把握是现代管理要追求成功、追求效益，顺利实现预期的目标必须要做的。这包括把握管理系统的总体目标，认识实现目标应采取的基本战略措施、主要条件以及如何正确处理该系统与其外部环境的关系等，实现管理系统的整体优化，以便使管理工作始终朝着总目标前进，并为科学的分工和协作奠定良好的基础。在管理活动中遵循系统理念应坚持下列原则：

1.旅游管理系统原理的整体性原则

在系统中，任何一个要素都是一个有机组成部分，系统的整体功能就是所有要素共同作用的结果，如果缺乏某个要素，系统的功能就会受到影响。相对于系统来说，要素只具有相对的独立性。在旅游企业系统中，每一个局部都是不可缺少的部分，任何部门都不能独立于企业之外。因此，旅游企业既要根据生产经营活动的需要，赋予子系统一部分权利，又要强调集中统一指挥。

作为一个整体，系统要发挥它的整体功能，而整体功能的发挥是各要素有机结合的结果。在运用系统方法对事物进行分析时，不能简单地将分析对象看作是若干简单事物堆砌而成的，而是要将其视为具有新的性质和功能的整体。不追求构成系统的要素在某个方面处于最优状态，而是达到系统整体效能的最大化。

2.旅游管理系统原理的结构性原则

系统内的各要素按照一定的层次和顺序，在空间和时间位置上形成有序结构。系统的整体功能便只能在这种有序结构下才能充分发挥出来，如果破坏了这种有序结构，或者没有形成这种有序结构，那么，系统的功能就会受到影响。系统功能与要素结构有序性之间的关系就是系统的结构效应。系统要素的结构有序性主要体现在要素空间排列的有序性、要素时间排列的有序性、要素运动的规则性三个方面。

系统结构的有序性观点揭示了系统要素结构与系统功能之间的关系，它指导人们通过系统要素的有序结构来实现系统的整体功能或进行系统结构优化。

3.旅游管理系统原理的相关性原则

系统内各要素之间相互联系，构成一个有机整体。这种相互联系表现为它们之间的相互作用、相互依赖、相辅相成、不可分割。在一个系统中，孤立要素是不应该存在的，如果有这种要素存在，那么就说明系统结构不合理，是一种资源的浪费。通过物质、能量和信息的交换是要素之间进行联系的方式。对于企业系统来说，物质传递是作为子系统之间的主要联系，而作为子系统与管理子系统之间或管理子系统与管理子系统之间则以信息传递为主。

相关度是衡量要素间相关性强弱的标尺，相关度越大，说明要素之间的关系越密切，反之则比较疏远。在社会经济系统中，用相关强度进行定量计算是困难的，因而只能从概念上予以定性描述。相关强度在进行系统组织结构设计时既是组织结构设计的依据，也是衡量组织结构好坏的测量标准。通常而言。合理的组织结构，要素间的相关强度最好低些，这是因为这样可以避免相互之间过多的牵制，对发挥专业化分工和各部门的积极性也非常有利。但是，如果强度太弱，割断了相互之间的联系，要素间的信息沟通就比较困难，容易造成工作脱节。因此，在组织结构中，要素间的相关性应适中。

合理的相关性有利于促进系统整体功能的发挥，称为正相关；不合理的相关性会降低系统的整体功能，称为负相关。所以，相关性是系统功效整体性的基础。在旅游企业管理中，应该使系统保持正相关状态，克服负相关的出现。

4.旅游管理系统原理的动态性原则

系统的动态性是指系统的状态是随时间变化的。系统的动态性表现为平衡动态和演化动态两种形式，平衡动态是指在不改变系统内部结构的条件下，系统状态随时间变化，它是系统的微观特性。在演化动态中，系统的内部结构和行为功能会发生变化，从而造成系统状态随时间而变化。在一个开放的系统中，为了实现与外界进行物质、能量和信息交换的目的，其内部要素会不停地运动，但这种运动并不会对系统的内部结构造成影响，只是量的变化，这就是平衡动态。但在某些情况下，由于外界的影响，系统要素的运动，离开了平衡状态，通过与外界进行物质、能量和信息的交换，产生自组织现象，在远离原平衡状态的情况下形成新的系统结构，称耗散结构。这是一种新的平衡状态，是原先的平衡状态的升级版，即系统演进。

企业系统是一个开放系统，其受外界环境的影响较大，当外界环境变化时，原来的内部结构所体现的功能已不能适应新的环境，这时系统会不断地与外界进行物质、能量和信息的交换，自行对结构进行调整，产生新的功能，使企业向前发展。系统自身以及系统对环境的适应过程，都处于不断的运动和变化状态中，系统内部的平衡和系统与环境的平衡也是通过这种运动实现的。

动态管理需注意以下两点：

（1）反馈原则

产生效能是系统管理活动的必然结果，而对其因果关系进行评析或者进行调控，主要是根据反馈信息来进行的。在因果之间、控制者与被控制对象之间，反馈能建起联系的桥梁。只有经常、及时、准确地掌握反馈信息，才能不断调控管理过程，获得理想的管理效能。

（2）弹性原则

由于管理的要素、过程及管理环境都具有复杂多变的特点，因而，人们的认识往往不能百分之百地把握它们，而且人本身又是最复杂的自变因素，因而，常常存在力所不及和顾此失彼的现象。所以，在进行管理时，必须留有余地，把握其伸缩性，注重随时调节。

三、战略理念

如今，环境的变化越来越剧烈，旅游产业中的竞争也是日趋激烈。因此，要想在激烈的竞争中站稳脚跟，求得发展，就必须深谋远虑，具备战略眼光，确定战略定位，明确战略重点，抓好战略策划，并加以有效实施。

（一）旅游管理战略理念的特点

1.全局性

组织的发展要根据战略进行，企业的战略对组织经营管理的一切具体活动具有制约作用。现代管理者应该善于审时度势，能够运筹帷幄之中，决胜千里之外。组织战略是在研究与把握组织生存与发展的全局性指导规律的基础上，对组织的总体发展及其相应的目标与对策进行谋划，这属于组织的总体战略。如果是在照顾各个方面的全局观点的指导下，对组织的某个方面的发展及其相应的目标与对策进行谋划，那么这属于组织的分战略。

2.长远性

战略管理考虑的是企业未来相当长一段时期内的总体发展问题，通常是未来3～5年或更长远。从组织战略中，可以看出企业长远发展的要求，是关系组织今后一个较长时期的奋斗目标和前进方向的统筹策划，其注重的是组织的长远的根本利益。

3.抗争性

组织战略是组织为在激烈的市场竞争中获胜，求得生存与发展而制定的。伴随着时代的发展，国内竞争国际化，国际竞争国内化，组织战略的正确与否已成为组织胜败兴衰的关键。只有在战略正确的情况下才能取得优势地位，战胜对手，使组织得到快速的发展，否则，必然会使组织受损，甚至导致破产。

4.稳定性

组织战略在制定之后，必须保持相对的稳定性，不能随意更改。因此，组织在制定战略时，必须对外部环境和内部环境进行准确地把握，正确进行决策。稳定性要与应变性相结合，当组织的外部环境和内部条件发生变化时，就要适时地调整组织战略。

（二）旅游管理战略理念的体系

1.旅游企业总体战略

旅游企业总体战略是对企业的总体发展及其相应的目标与对策进行谋划，是属于支配地位的战略，决定企业的兴衰成败。企业总体战略可以根据不同的标准划分为不同的类型。

（1）按照企业在市场竞争中所处的地位与态势划分

第一，攻势战略。这种战略又称为进攻型战略或发展型战略，其具有不断开发新市场、扩大投资规模、掌握市场竞争的主动权，在现有基础水平上向更高的目标发展的特点。无论是在技术发展、生产发展等方面，在采用这种战略时，企业应当有雄厚的资源以及优良的素质。

第二，守势战略。这种战略又称稳定型战略或维持型战略，其具有维持已有的经济效益，安全经营，不冒风险的特点。

第三，撤退战略。这种战略又称退却型战略或紧缩型战略，这种战略通常用于经济不景气、财政紧缩、市场疲软等情况。采取这种战略，可以局部撤退，适度将经济指标降低，并对内部进行适当调整或技术改造，保存实力，待机而起。或者当企业遭受竞争对手的巨大挑战，很难维持时，可以大规模减产，甚至改变经营领域，退出某些市场。

（2）按照企业产品参与市场竞争的幅度划分

第一，单一产品战略。发展单一产品，努力提高增长速度，增加销售收入，提高市场占有率。

第二，主导产品战略。以某种产品为主导，兼营多种产品。

第三，多种经营战略。企业向市场提供不同质的多种产品和劳务。

2.旅游企业分战略

旅游企业分战略应该各方面都与总体战略相互协调一致，并保证总体战略的实现，按照企业职能制定的分战略主要有以下类型：

（1）市场战略

市场战略包括市场选择战略和市场发展战略，市场选择战略又包括退出、维持与发展三种战略，市场发展战略又包括市场渗透型、市场开拓型、产品开发型和混合型四种类型。

（2）产品战略

产品战略与市场战略的关系十分密切，无论是何种企业都必须依靠价廉物美的产品去持续地占领市场，并不断地提高市场占有率，从而提高企业经济效益。产品战略包括产品选择战略、产品开发战略等类型。

（3）技术发展战略

企业要制定正确的技术发展战略，要向科技进步要效益。要不断强化技术开发和推广，加速科技成果商品化、产业化进程。坚持自主研究开发和引进国外先进技术相结合，对企业生产发展的重大与关键问题要努力解决，积极应用高新技术。

（4）人才战略

在企业中，人才始终是最重要的资源，也是决定企业兴衰胜败的重要因素。人才战略包括人才开发、人才培训和人才使用等方面的内容。

（5）投资战略

投资战略决定企业资金的合理分配和有效利用，具体规定企业资金投入的方向、方面及数额。

（6）竞争战略

竞争战略就是在研究市场环境尤其是竞争对手行动的基础上制定的企业参与市场竞争的谋划。其与企业的生存和在竞争中的命运直接相关。企业竞争战略包括低成本战略、产品差异战略和重点攻关战略三种类型。低成本战略是指努力维持低成本，以廉价商品供应市场，确保市场占有率，取得竞争优势。产品差异战略是指生产出该行业中其他企业所没有的独特产品，形成独家经营的市场。重点攻关战略是指将经营重点集中在市场的某一部分、在那里建立和保持企业产品的竞争优势。

（7）企业文化战略

企业文化主要是指企业的指导思想、经营哲学和管理风貌。制定企业文化战略的目的是在企业加强精神文明建设，培育高素质的职工队伍。创造能够充分调动职工的积极性、创造性的宽松和谐环境，培育职工的主人翁意识，建立共同的价值观，建设企业精神，塑造企业形象，增强企业的凝聚力和长远发展的精神动力。

（三）旅游管理战略理念的作用

战略是旅游企业全局性的行动方针。因此，战略的正确与否决定着企业经营的成败。同时，战略决定了企业在未来较长一段时期内的经营方案和目标，其作用主要体现在以下方面：

1.战略是编制经营计划的依据

从本质上来说，战略是计划的一种，但它是带方向性的、反映全局的、长远的计划。它是通过许多具体的、短期的经营计划的实现来实现的。短期的经营计划是战略计划的保证。因此，在编制经营计划时，必须以战略计划为依据。

2.战略有利于克服企业的短期行为

战略计划确定了企业长远的发展方向和目标，这就能使经营者把近期利益与长远目标结合起来，使企业做到持续发展。如果没有战略计划，那么，经营者在决定企业的经营活动时，必然会只顾局部利益、急功近利，从而对社会生产力造成极大的损害。

3.战略有利于企业回避风险，稳步发展

战略计划的周期比较长，从而有效减少了企业发展过程中的波动。从理论上讲，企业发展的平衡性会随着战略周期的延长而越好。但是，如果周期太长，那么对未来环境变化的预测的准确性就愈低，从而使得按太长周期确定的目标没有实际意义。因此，企业的经营战略计划不宜太长，通常在5年左右较好。

（四）旅游管理战略理念的原则

从战略管理中，可以看出一个企业发展自我走向长期的自主性。战略管理对企业走向成功非常有利。但是，如果战略管理不正确，则必然会取得相反的效果。因此，战略管理要遵循科学的原则。通常来说，战略管理要遵循以下原则：

1.适应环境原则

企业处于社会之中，企业内外的各种环境都会对企业的存在和发展产生影响。在这些环境因素中，有些是直接作用于企业，例如政府、顾客、员工、竞争对手等，有些是间接作用于企业，例如政治、经济、技术、文化等。因此，在制定战略管理时，应充分认识这些环境因素，分析机会和挑战，并采取相应的措施。换句话来说，战略管理就是要实现企业与环境的和谐。

2.全过程管理原则

战略管理并不是一步就可以完成的，它是一个过程，主要包括战略制定、战略实施、战略控制、战略评价和修订等步骤。只有将战略管理作为一个完整过程来进行管理，重视其中每一个阶段，才能取得战略管理的成功。在某些企业中，可能也制定了发展战略，但忽视了战略实施，从而使战略管理成为纸上谈兵。

3.全员参与原则

战略管理是全局性的，其有一个制定、实施、控制和修订的全过程，因此，战略管理需要企业全体员工的参与，而不仅仅是企业领导和战略管理部门的事。当然，在战略管理的不同阶段，员工的参与程度是不一样的。例如，在战略制定阶段，主要是最高层管理者的工作和责任，但在进入战略实施的控制阶段，企业中基层管理者及全体职工的理解、支持和全心全意地投入是十分重要的。

4.整体最优原则

在进行战略管理时，应将企业视为一个整体，要强调整体最优，而不是局部最优。整体最优原则体现在以下方面：

第一，战略管理不强调企业某一个局部或部门的重要性，而是通过制定企业的远景目标来协调各单位、各部门的活动，使它们形成合力。

第二，在战略实施过程中，应根据企业组织结构、企业文化、资源分配方法等对战略实施的影响来对它们进行选择。

第三，在战略评价和控制过程中，战略管理更重视各个部门、单位对企业实际远景目标的贡献大小。

5.反馈修正原则

在一般情况下，战略管理涉及的时间跨度较大，通常有几年。在战略管理的过程中，环境因素可能会发生变化。因此，为了保证战略的适应性，企业必须不断地跟踪反馈。所以，从实质上来说，战略管理是一种滚动式管理，只有持之以恒，才能确保战略意图的实现。

四、创新理念

（一）旅游管理创新理念的特点

1.旅游管理创新理念的不确定性

（1）市场的不确定性

市场的不确定性主要是指市场未来需求的变化很难预测，例如经济环境、消费者的偏好等外界环境因素都会对市场变化产生影响。当出现根本性创新时，就无法确定市场的方向，从而也就无法确定需求。而且，还可能是不知道如何将潜在的需要融入创新产品中去，以及未来产品如何变化以反映用户的需要。当有创新竞争者存在时，创新企业能否在市场竞争中战胜对手也是无法预知的。

（2）技术的不确定性

技术的不确定性主要是如何用技术来体现、表达市场中消费者需要的特征，能否设计并制造出可以满足市场需要的产品和工艺。在企业的产品构想中，很多的产品要么无法制造，要么制造的成本非常高，像这类产品的商业价值基本上是零。另外，新技术与现行技术系统之间的不一致性也是一个重要的不确定性来源。

（3）战略的不确定性

战略的不确定性主要是针对重大技术创新和重大投资项目来说的。它是指一种技术创新的出现使已有投资与技能过时的不确定性，也就是说难以判断它对创新竞争基础和性质的影响程度，以及面临新技术潜在的重大变化时企业如何进行组织适应与投资决策。很多产业竞争领先地位的交替就是当重大技术创新出现时，由战略不确定性导致的严重的战略性决策失误而造成的。

2.旅游管理创新理念的保护性和破坏性

不同创新会对企业产生不同范围、程度和性质的影响。会产生保护性的和破坏性的两个极端。具有保护性的创新，对企业的现有技术能力的价值和可应用性会具有提高的作用。创新的破坏性则表现在使企业现有的技能和资产遭到毁坏，新的产品或工艺技术会使企业现有的资源、技能和知识只能低劣地满足市场的需要，或者根本无法满足要求，从而使现有能力的价值降低，在极端情况下，会使其完全过时。

3.旅游管理创新理念的必然性和偶然性

由于管理具有不可复制性，因而创新的产生是必然的。管理的不可复制性本身就必然要求管理创新。因此，可以说任何一种管理的模式、方法都是随着时代的发展和科学技术的进步而产生的管理创新。在很多种情况下，创新的产生基于大量的实验、调研和严谨思考。另外，偶然也是今天的管理者所不能忽视的一种创新方式。例如，牛顿发现万有引力定律，就是由偶然引起的。

4.旅游管理创新理念的被排斥性

在通常情况下，创新活动会受到来自各方面的排斥、压力和抵制。在习惯了原有的生活方式之后，对于新的改动和变革，人们往往并不欢迎。可以说，在现代组织中，创新恐惧症已成为一种通病。在一种特定的社会环境中，对于那些公司最高管理层的人们，还有着很多的理由来使他们希望这个环境能够延续下去。但是，从这个上面也说明，从本质上来看，任何一项新产品的创新都是一场推进创新力量和排斥、抵制创新力量之间的你争我夺。而如何在这些力量中保持平衡便是管理者所面临的挑战。另外，我们应当要阻挠华而不实的或仅仅是象征意义的新产品的创新，以及抵制与新产品战略目标不相一致的新产品。

5.旅游管理创新理念的复杂性

在实际经济活动中，创新的来源是多方面的，可以发生在研究、开发、市场化和扩散等任何阶段。创新是在诸多因素之间一系列复杂的、综合的相互渗透、共同作用中发展而来的，创新是由许多环节组成的一个螺旋式上升的轨迹，是一个复杂的系统过程，不是一个独立的事件。

6.旅游管理创新理念的时效性

在企业中，通常创新是从产品创新开始的。一种新的市场需求总是表现为产品需求。所以，在创新初期，产品创新是企业的主要创新活动。在新产品被市场接受之后，企业将把注意力集中在过程创新上，这种创新通常是以降低生产成本、改进品质、提高生产效率为目的。当产品创新和过程创新进行到一定程度时，企业又会将注意力逐渐转移到市场营销创新上，其目的是提高产品的市场占有率。在这些创新重点的不同时间段上，还会伴随着必要的组织创新。在新产品投放到市场一定时间后，又会有更新的产品代替它。因此，创新也具有时效性。因此，在进行创新决策时，要考虑消费者对创新产品需求的持续时间、该产品被其他产品替代的可能性以及创新所处的时期三个问题。

7.旅游管理创新理念的动态性

无论是何种事物，都处在变化发展之中。在企业中，组织的外部环境和内部环境在不断发生变化，因而，组织的创新能力也要不断积累、不断提高，同时还要动态调整决定创新能力的创新要素。从企业间的竞争来看，企业竞争优势会随着企业创新的扩散而消失，因而就要不断推动新的一轮又一轮的创新，以便不断地确立企业的竞争优势。所以，创新具有动态性。在不同的时期，组织的创新内容、方式、水平是不同的。从企业发展的总趋势来看，前一时期低水平的创新，总是要被后一个时期高水平的创新所替代。正是由于创新活动的不断开发和创新水平的不断提高，企业才会得到发展。

（二）旅游管理创新理念的作用

1.创新可以使组织适应环境，为持续发展提供动力

系统与环境之间的联系是十分密切的，任何组织系统都时刻与外界环境在进行物质、信息和能量的交换，但这种状态通常是不平衡的。而组织系统只有通过不断的创新才能实现保持与环境的动态适应和平衡。如果组织不进行创新活动，那么，企业就会缺乏生命力，因此，唯有进行不断的创新，才能使企业持续发展。

2.创新可以保持组织活力，提高组织竞争力

增强组织获取资源、利用资源的能力，提升对社会需要的认识能力，提高员工满意度、士气和信心，将组织的劣势转化为优势，将不利因素转化为有利因素

是创新的重要功能，组织也因此获得相对于竞争者的综合比较优势，增强其应对竞争的实力。

3.创新与维持相结合，可以实现组织最优化的存在状态

无论是何种社会经济技术系统，在其存在之后，首先是要求得生存，而后才是求发展。因此，维持是相对于创新的另一种组织活动状态。在组织的生存和发展中，维持和创新是必不可少的两种基本存在状态。维持是实现创新的成果，创新是为更高层次的维持提供依托。创新与维持最优组织的管理才是卓越的管理。

（三）旅游管理创新理念的内容

1.观念创新

管理观念是指管理者或管理组织在一定的哲学思想支配下，由现实条件决定的经营管理的感性知识和理性知识构成的综合体。一定的管理观念受到一定社会的政治、经济、文化的影响，是企业战略目标的导向、价值原则；同时，通过管理的各项活动，又可以看到管理的观念。我国企业应该尽快适应需要，应结合自身条件，实现观念创新，只有这样才能使企业获得不断地发展，在激烈的竞争中获胜。

2.目标创新

伴随着知识经济时代的到来，企业的经营目标也不得不重新定位，原因如下：

（1）企业管理观念的革命，要求企业经营目标重新定位。

（2）企业内部结构的变化，促使企业必须重视非股东主体的利益。

（3）企业与社会的联系日益密切、深入，社会的网络化程度大大提高，企业正成为这个网络中重要的联结点。

因此，在企业的经营中，其社会性也越来越凸显出来。因而，企业必须对自己的社会责任引起高度重视，在多元目标间相互协调，全面修正自己的经营目标。

3.技术创新

在企业创新中，其主要内容就是技术创新，企业中出现的大量创新活动是有关技术方面的。从一个企业的技术水平可以看出企业的经营实力，只有不断地进行技术创新，才能在激烈的市场竞争中处于主动地位。由于一定的技术都是通过

一定的物质载体和利用这些载体的方法来实现的。因此，企业的技术创新主要表现在要素创新、要素组合方法创新和产品创新三个方面。

（1）要素创新

企业的生产过程是一定的劳动者利用一定的劳动手段作用于劳动对象，使之发生物理、化学形式或性质变化的过程。在这个过程中，包括材料、设备以及人力资源三类要素，因而，要素创新包括材料创新、设备创新、人力资源管理创新。材料创新是指开辟新的材料来源，开发和利用成本更低的替代性材料，提高材料的质量，改进材料的性能。设备创新是指将先进的科学技术成果用于革新设备，采用全新的装备代替原来的设备。人力资源管理的创新是指不断从外部吸纳高素质的人力资源，对企业现有的人员进行培训提高。

（2）要素组合方法的创新

要想形成产品，首先是要利用一定的方式将不同的生产要素加以组合。要素的组合包括两个方面，即生产工艺和生产过程。工艺创新是指根据新设备的要求，改变原材料、半成品的加工方法，同时在不改变现有设备的前提下，不断研究和改进操作技术和生产方法，以求得现有设备的更充分的利用以及现有材料的更合理的加工。工艺的创新与设备创新是相互促进的，设备的更新要求工艺方法做相应的调整，在工艺方法完善之后又必然促进设备的改造和更新。因此，企业应对空间分布和时间组合进行不断的研究和采用，协调好人机配合，提高劳动生产率，缩短生产周期，从而在不增加要素投入的情况下，提高要素的利用效率。

（3）产品创新

在产品创新中，主要有品种创新、结构创新和效用创新等。品种创新要求企业根据市场需要的变化以及消费者偏好的转移，对企业的生产方向和生产结构进行及时的调整，不断地开发出消费者欢迎的产品。结构创新是在不改变原有品种基本性能的基础上，对现有产品结构进行改进，使其生产成本更低，性能更完善，使用更安全，更具市场竞争力。效用创新是指通过了解用户的偏好，并以此对原有产品进行改进，开发新产品，使产品能给用户带来更多的满足，更受用户欢迎和喜爱。在企业技术创新中，其核心内容是产品创新，其既受制于技术创新的其他方面，同时又会对其他技术创新效果的发挥产生影响。新的品种、新的结构、新的效用，往往要求企业利用新设备和新工艺，而新设备、新工艺的运用又为产品的创新提供了更优越的物质条件。

4.文化创新

管理发展到文化管理阶段，标志着管理已经达到了一个新的高峰。企业文化通过员工价值观与企业价值观的高度统一以及企业独特的管理制度体系和行为规范的建立，使管理效率有了较大的提高。创新是现代企业文化的一个重要支柱，同时也是社会文化中的一个重要部分。在文化创新成为企业文化的根本特征之后，创新价值观就得到了企业全体员工的认同，行为规范就会得以建立和完善，企业创新动力机制就会高效运转。

5.制度创新

制度是组织运行方式、管理规范等方面的一系列的原则规定。制度创新是从社会经济角度来对企业系统中各成员间的正式关系的调整和变革进行分析。只有具有完善的制度创新机制，才能保证技术创新和管理创新的有效进行。如果一直沿用旧的、落后的企业制度，那么，就会使企业的创新和发展受到制约。产权制度、组织制度和管理制度是企业制度的三个方面。企业制度创新就是实现企业制度的变革，通过对企业所有者、经营者和劳动者三者的关系的调整和优化，使各个方面的权利和利益得到充分的体现，不断调整企业的组织结构和修正完善企业内部的各项规章制度，使企业内部各种要素合理配置，并发挥最大限度的效能。

6.结构创新

在工业化社会的时代，市场环境相对稳定，企业大都以正规化和集权化来实现规模经济效益、降低成本。但随着企业规模的不断发展，组织复杂化程度也越来越高。伴随着信息社会的到来，环境不稳定因素越来越多，竞争也越来越激烈。当管理者意识到传统的组织结构与现代环境的多变性不适应之后，便会实施创新。只有能随着环境的变化而不断地对自己的结构进行调整，使之适应新的环境的组织才是一个有效的组织。目前，企业组织正在不断朝着灵活性、有机性的方向发展。

7.环境创新

企业的经营依靠环境，同时也受到环境的制约。环境创新不是指企业为适应外界变化而调整内部结构或活动，而是指通过企业积极的创新活动去改造环境，去引导环境朝着有利于企业经营的方向变化。例如，通过企业的技术创新，影响社会技术进步的方向；通过企业的公关活动，影响社区政府政策的制定。从企业方面来说，市场创新是环境创新的主要内容。市场创新是指通过企业的活动去引导消费，创造需求。在通常情况下，人们认为企业创造市场需求主要是通过新产品的开发来实现的。但事实上，市场创新的更多内容是通过企业的营销活动来进行的，也就是在产品的材料、结构、性能不变的前提下，或通过市场的地理转移，或通过揭示产品新的物理使用价值，来寻找新用户，再通过广告宣传等促销工作，来赋予产品以一定的心理使用价值，从而影响人们的某种消费行为，诱导、强化消费者的购买动机，增加产品的销售量。

（四）旅游管理创新理念的原则

1.创新与维持相协调原则

创新活动与维持活动之间的关系是既有区别又有联系，二者是相辅相成的。只有在维持的基础上才能创新，而创新又是维持的发展；维持是为了实现创新的成果，创新为维持提供更高的起点；维持使组织保持稳定性，创新使组织具有适应性。

在组织的生存和发展中，维持和创新都是必不可少的。

不可否认的是，在某些时候，创新与维持也是相互矛盾、相互冲突的。因此，在管理中，管理者应当正确处理二者的关系，寻求创新和维持的动态平衡和最优组合，同时，这也是创新应遵循的原则。在企业中，创新与维持的平衡和组合是复杂的，也是多方面的，例如，创新目标、规模、顺序的选择要适当，新技术的引入和改进创新要紧密结合等。

2.开拓与稳健相结合原则

创新离不开开拓。开拓就是要不断地向新的领域、新的高度进发。如果没有开拓进取，那么创新就无从谈起。然而，在企业中，往往会存在不思进取、安于现状的现象，并且创新活动也经常会受到来自各方面甚至是高层管理者的非议、排斥、压力和抵制，在很多人心中会有各种各样的担心。而这些现象的存在会成为企业创新的最大障碍。所以，针对这种情况，企业管理者应以极大的热情鼓励、支持和组织创新活动，要创造促进创新的组织氛围，重塑企业文化，激发员工人人奋发向上、开拓进取。

另外，企业的创新必须要建立在现实的基础之上，不能背离科学，不能有半点虚假。在开拓的同时也要求实。求实稳健并不意味着就是安于现状、墨守成规，只有面向社会、面向市场，从实际出发，量力而行，才能保证创新成功和稳步发展。如果变革脱离实际，那么就会不可避免地出现盲目性、随意性和反复比。实践证明，创新者不是专注于冒险而是专注于机会，通过感性认识上升为理性认识，在系统分析创新机会来源的基础上，找准机会并加以利用。在创新展开之后，就必须脚踏实地采取各种措施，经过持续的努力，确保创新的成功。

3.统一性和灵活性相结合原则

有组织的创新，必须有统一明确的目标、相互协调的行动、优势集中的兵力。但是，创新本身是不可预料的，其具有偶然性和机遇性。因此，创新的组织不能死板，要具有灵活性，要放松对员工的控制，使计划具有弹性。例如，允许创新者自己确定题目，允许创新者自己选择合作伙伴等。这样不但有利于充分调动创新者的积极性，而且有利于及时捕获创新机会。

4.奖励创新、允许失败原则

企业在进行创新时，通常会遇到各种各样的挫折和失败。允许失败是对创新者积极性、创造性的保护和支持。创新者在遇到失败时，应当树立信心，迎难而上，而管理者则不应对其冷眼相看、横加指责。对于失败，创新的组织管理者应当宽容，要热情主动地帮助创新者总结和吸取教训，对创新者进行鼓励，继续进行大胆探索和试验，直到取得成功。

创新的创造性、风险性、效益性，决定了企业应对创新者的劳动及其成果进行公正评价和合理奖励。企业应对所有的创新建议实施正向的激励政策，如果创新成果确有重大价值并得以采用的，则要在物质上给予重奖，在职称、职务上予以破格晋升，使奖励与创新的风险和贡献相一致。

同时，创新者的创新动机有一种对个人成就感的追求和自我实现的满足，创新的精神奖励不仅是必要的，甚至是更为重要的。因此，既要对创新成果进行精神的、物质的奖励，也要在创新的全过程中给予创新者更多的理解、尊重和支持，给予创新者放手施展抱负和才能的条件和权利。

第二节　旅游管理体制创新及新模式

一、旅游管理体制创新

（一）旅游管理体制的转变

1.向市场主导型管理体制转变

政府干预指的是政府通过政策手段，全面干预市场，从而在资源配置中完全起主导作用。政府可以适当干预，间接调控，但不能直接干预过多，否则只能适得其反。市场主导是市场在资源配置中通过自身价格、供求和竞争三大机制实现经济最优化。市场主导是发达国家经济成熟的标志，能最大程度地激发经济的活力，也是我国旅游管理体制转变的重要方向。

我国目前旅游管理的主要部门还是以政府旅游管理机构为主。政府主导的旅游管理模式是符合我国发展国情的，取得一系列巨大成就。在过去，由于经济基础薄弱、旅游产业起步较晚、旅游形式单一，实行政府作为旅游管理主管部门整合资源、直接管理的模式符合发展情况，在很大程度上促进了旅游产业和地方经济的飞速发展。随着旅游产业多元化和市场化不断增强，政府过多直接干预和单一部门的管理模式已经无法适应旅游产业的现状，层层行政审批的资源配置手段造成了大量的资源高消耗、经济低效率，在某种程度上严重制约了旅游产业高速发展。因此，正确处理政府与市场，政府与企业，政府与组织之间的关系，建立市场主导型旅游管理体制是实现旅游产业最优发展的必然选择。

市场主导型的旅游管理体制相较政府干预型旅游管理体制更能适应当今旅游产业高速发展的现状，它具有的优势包括：①更好地实现资源优化配置。高度市场化的旅游管理能使市场主体根据供求关系自主适应和引领市场，旅游企业会完全根据消费者需求进行经营发展，不再过多于受制于行政干预，这很好地实现了旅游资源的有效配置，大大激活了旅游市场的活力。②更好地适应环境变化。

市场主导型会使旅游产业的发展及时转型，跟上时代发展变化的脚步，灵敏地发现市场的变化，及时作出相应的调整，这些都是在政府主导下不能充分发挥的优势。

要完成向市场主导型的方向转变，我们需要抓住的关键点包括：①政府应学会简政放权。政府应主动打破制约企业发展的束缚，减少直接干预，转变干预手段，更多地采取法律和经济手段。②实现政企分开。政府应放手国有企业，让其自主经营，停止不必要的干预和输血，使其实现做大做强。同时，政府要鼓励民间资本和社会力量对行业的进入，并加大扶持，搭建服务平台，让市场充分发挥主导作用。目前，政府干预型的旅游管理体制必须逐步完成向市场主导型的方向转变，只有真正把主导地位交还给市场，旅游经济才能迸发最强能量。

2.向集中统一管理体制转变

旅游资源因多重属性，往往存在多部门共同管理的情况。集中统一管理强调整合资源，精简机构，将整个大旅游格局放在更高权力更大机构的平台上，真正使旅游管理令出必行，落到实效。随着旅游产业多元化甚至国际化不断增强，消费者需求五花八门，旅游产业已实现向发达国家看齐，变成了辐射多部门的大型产业链。

旅游管理体制完成向集中统一管理方向转变的优势明显：①更好地完成管理目标。集中统一管理解决了过去部门间各自为政、旅游资源多部门把持的低效困局，从根本上将旅游产业的方方面面纳入一个整体管理机构或平台，能更有效率地为旅游市场提供服务。②大大节约了行政和企业成本。集中统一管理告别了过去政出多门，手续繁多的不利局面，使政府与市场间的信息交流更加便捷通畅，既节约了行政资源，又给企业带来了减负。由此可见，旅游管理各自为政的模式已经不能满足旅游产业全域化的需求，政府应强调整体性管理理念，打破壁垒，整合机构，转变职能，倡导协同治理，最终将旅游产业拉入集中统一管理的快车道。目前，我国许多省市设置的旅游委员会、旅游委员领导小组、文化和旅游局、文物和旅游局等就体现了这一转变趋势，但真正形成大旅游的管理格局还任重道远。

3.向服务型政府管理体制转变

管制型政府是指行政控制为主的管理模式，与之相对的是服务型政府，服务型政府的目标是以人为本，倡导政府应担任为社会提供服务而非管制的角色。服务型政府是我国行政改革的重要发展方向，它的核心是有限和责任。政府应该是有限的政府，不应政令过多，对社会经济重在服务而非干预。政府也应该是有责任心的政府，政府不再是高高在上的权力中心；人民群众处于中心位置，政府要对人民负责，真正接受人民的监督。

转变政府职能、优化机构配置、改进工作作风始终是政府改革的核心目标。随着旅游在我国发展成为战略支柱性产业，以前单一的观光模式有了巨大变化，现在旅游发展成为集餐饮、住宿、交通、建筑、购物、土地、环境、资源、人文、法制、监管等于一体的巨型产业链。在旅游产业高速发展、信息数据大爆炸的新时期，服务型政府管理体制相较管制型政府具有明显的优势：①以人为本成为发展主流。旅游产业做大做强，归根到底是最大限度地满足游客的需求，谁能抓住消费者的心，谁就在旅游市场竞争中脱颖而出，获得巨大经济效益。由此可见，旅游管理必须坚持以人为本，给消费者提供全方位的需求和服务，这与我们建设服务型政府的目标是一致的。②有效地解决了政府与市场、企业之间的矛盾。政府以服务为导向和管理方式，简政放权，不仅一定程度上解开了企业的束缚，使市场经营更加自由平稳，也润滑了政府与市场的关系，政府通过转变角色、退居幕后，能更好地为旅游市场提供优质的基础服务。

旅游管理部门需要加强配套设施建设，为旅游产业提供广阔的发展平台。转变政府职能、优化机构配置，践行大旅游格局，形成整体联动的管理模式。要改变过去权责划分不清、旅游监管越位或者缺位的情况，完善法律法规及相关制度，让无形的手充分发挥作用。最后要简政放权，公开透明，充分调动行业组织和企业的积极性，形成政府、协会、企业和消费者共同参与的旅游管理新格局。简政放权是民之所望、施政所向。

（二）政府旅游管理体制的创新思路

1.加强旅游机构顶层设计

"旅游管理体制是旅游管理的基础和核心，也是实现旅游经济发展目标的重要手段。"①现在借助旅游机构的顶层设计，建立县级层面统一的旅游管理机构，由单一的旅游部门管理转向综合协调管理，改革不合规范的机构设置，构建

---

① 袁正新，袁健子，张彩迪.张家界旅游管理体制创新的路径分析[J].旅游纵览（下半月），2017（22）：113.

综合性的大部门制的管理机构，来统筹旅游资源，推动旅游产业发展。

（1）构建大部门旅游行政机构

深化国家机构改革，组建文化和旅游部，有利于推进全域旅游的发展，文化旅游的融合，是新的发展方向，符合旅游产业转型升级的要求；是对全域旅游的肯定，有助于文化旅游的新发展。中国未来研究会旅游分会副会长刘思敏博士表示，国家层面文化和旅游部的成立，可避免政出多门导致的多头管理、通过集中统一的领导，更好地把文化和旅游结合起来去发展。通过重组现有的部门机构，构建县级层面的文化旅游大部门，整合多头管理的旅游资源，避免部门之间协调困难和短板。

同时，在构建大部门旅游行政机构的基础下，要充分发挥政府、市场、社会、公众的力量，探讨如何结合彼此之间的关系共同发挥旅游行政管理部门的服务职能，不能仅限于制定公共服务规划、建立公共服务示范工程，更重要的还在于转变其观念，变"管旅游"为"服务于旅游"，即服务于旅游者和为旅游者直接或间接提供服务的所有市场主体。通过构建大部门机构可有效打破部门之间的行政壁垒，整合资源，提高行政效率。

（2）成立政府与企业联合的旅游工作委员会

成立政府为主管部门，各涉旅企业为成员单位的旅游工作委员会，促进行业自律，规范市场秩序，遵守国家各项法律规章制度，维护旅游产业的共同利益和合法权益；在业务主管单位的指导下，努力为行业发展服务，加强行业管理，进行行业协调，促进行业自律，规范旅游市场秩序，维护良好形象，为促进旅游产业的持续、快速、健康发展作出积极贡献。

积极探索新型旅游产业合作机制，要完善政府主导、企业主体、市场运作的旅游宣传营销机制，助推全域旅游的大发展。作为现代化市场经济运行过程中有机组成部分，积极发挥旅游企业在社会资源中最大化资源配置效率，政府在旅游经济发展过程中进行宏观调控和管理，维护旅游市场秩序，充分发挥旅游市场在资源配置中的决定性作用。

按照市场规律进行整合涉旅企业的资源，确保社会旅游资源得到合理配置，提升旅游工作效率。同时，加大现代旅游企业的培育、根据服务型政府的要求，推行以顾客为导向的服务理念，推动旅游企业的转型改变。加快国有旅游企业的改革，可以借鉴其他市县成立的文化旅游开发有限公司，依托大型国有企业集团，打破地区藩篱，向集团化、专业化方向发展。在培育大型企业力量的同时，也要加快民营和中小旅游企业的培育发展，培育一批具有核心竞争力的旅游企业和景区，不断增强旅游市场的力量。在重点旅游景区可以探索所有权与经营权分离的模式，实行"三权分立"，政企分开，推行公司化的经营管理模式。在充分保障发挥市场力量的同时，也要注重政府这只"看得见的手"的力量，当市场这只"看不见的手"失灵的时候，政府要及时采取相应的措施，整治市场失灵的问题，确保旅游经济的健康稳定发展。只有政府与企业相互联系、共同作用，发挥旅游工作委员会的配合作用才能助力新时代旅游新发展。

2.构建旅游管理的多元化协同治理框架

构建多元化的协同治理框架，才能实现旅游市场经济的最大效益。这就要求由政府一方牵头做好综合协调，其他力量主体共同联动的机制，坚决杜绝一方力量独大的现象。因此县域旅游行政管理体制改革的方向不是"扩权"和"升格"，而是要建立健全旅游协调机制实现涉旅部门间相互协调配合。如被誉为"中国画城"的浙江省桐庐县，构建的是全域景区发展的"大景区"格局。他们形成了一种全社会参与的氛围，通过市民文明素质整体的提升、基础设施惠民的共享、旅游产业富民的共赢，来实现全民的共享共建。

（1）建立行政部门联动的旅游协调治理框架

成立旅游发展委员会，构建一个多部门协调联动的治理框架。全域旅游要求各部门各企业必须是协同一体的，要改变以前的各部门单打独斗的现象，所以要重新梳理整合资源，根据全域旅游的要求整合所有涉及部门，统一隶属于旅游发展委员会之下，县级政府的旅游发展委员会由县政府主要领导担任主任，提高其行政重要性，旅游局为常设部门，负责具体业务开展。

由旅游发展委员会具体协调各部门之间的合作，由单一部门转向综合管理。各相关职能部门遵循"部门联动、各司其职、各负其责、齐抓共管"的原则。通过成立旅游发展委员会来构建一个协同治理的框架，破除行政部门之间的壁垒，形成一个监管运行的合力。遇到旅游市场中的重大问题需要及时联合各相关职能部门，制定联合整治方案，维护旅游消费者的合法权益，共同维护旅游市场秩序，促进市场经济持续健康发展。旅游发展委员会的治理协调机制，也可消化部门内部之间的协调成本，从而降低工作成本，提高工作效率。

（2）构建旅游市场综合监管领导体制

建立"政府主导、属地管理、各司其职、齐抓共管"的旅游市场监管体制。通过已成立的旅游发展委员会来明确各部门的相关职责。明确各单位的责任清单尤其规定好旅游、公安、交通、市场监管、物价、卫生等部门职能。

建立健全旅游投诉机制，充分发挥好12345及县长、市长政府热线电话的作用。实施旅游投诉"首问负责制"，确保旅游投诉件件有回音、事事有着落。旅游发展委员会要研判旅游市场上可能发生的问题，制定一个综合市场监管整治方案，明确各职能部门之间的职责权限，做好旅游市场秩序的维护，以促进旅游市场经济持续健康发展，以旅游发展委员会为中心，其他职能部门配合的监管体制，具体按以下分工开展。

第一，旅游发展委员会：审批有关经营单位资质、规范整治旅游市场秩序的、维护旅游消费者、经营者合法权益、监督旅游服务质量，配合相关部门查处旅游违法违规行为。

第二，公安部门：依法打击旅游景区内侵害消费者合法权益的各项违法行为，对一些黑导游、违规旅游企业伤害消费者权益的违法行为进行严厉打击。

第三，市场监管部门：依法打击查处市场上虚假宣传，无照经营、欺骗消费者合法权益、出售假冒伪劣产品、不正当竞争的违法违规行为。

第四，交通运输部门：联合旅游、公安部门部门依法查处旅游产业的"黑车"非法经营行为，对旅游景区内指示牌被遮挡的投诉处理等违规行为。

第五，物价部门：负责旅游景区内违规收费、捆绑收费、欺客宰客、低价期限等违法违规行为进行查处，受理游客关于价格方面的投诉，规范旅游市场上价格秩序。

（3）建立政府与企业多级联动的行业管理体制

通过整合政府各部门与旅游企业之间的力量，进行行业管理体制的创新，建立多级联动的行业管理机制，提升旅游管理的发展效能。

在现代化的旅游市场经济中，旅游市场可以充分发挥其在配置旅游资源中的决定性作用，政府在旅游经济发展过程中进行宏观调控和管理，来维护旅游市场的正常秩序，保证旅游资源的配置效率，维护大多数社会公众的利益。县级政府可出台扶持本地发展的旅游产业政策，优化改善旅游发展，打造一个良好的营商环境来，吸引更多社会投资资本。

积极发挥旅游投资开发有限公司的作用，为各旅游企业的合作搭建平台，将闲置资金放在扶持当地特色旅游产业项目上，完善各项奖补政策来激发各涉旅企业的积极性与主动性。企业根据自身特点与实际可成立旅游产业联盟，将现代农业、工业、服务业相互融合，做大做强旅游产业链，带动区域一体化发展。同时，积极探索新型旅游产业之间的合作机制，加强旅游企业合作。主动整合资源、对接业务，消除地方区域、部门之间的壁垒，用沟通来打造一个旅游发展产业链。在此基础上，可构建政府主导、企业主体、市场运作的旅游营销机制，形成一个多级联动的体制，构建多元化的市场运作机制，助力新时代全域旅游背景下的旅游产业发展。如青岛西新海岸新区推行加强市场合作的方式。通过采取PPP、特许经营权转让等方式来推动旅游基础设施的配套完善，实现投资主体的多元化和经营机制的市场化。探索通过投资入股、联合投资、并购重组等方式，统筹推进藏马山旅游度假区、小珠山野生动物世界等都是有民营景区进行的开发建设，取得了不错的效果。

3.建立清晰明确的旅游管理职责分工体系

（1）发挥旅游主管部门的宏观调控职能

县级旅游行政主管部门要以宏观调控为主，明确自己的职责，旅游主管部门的主要职能为进行经济宏观调控、市场秩序监管、提供公共服务和产品等方面。制定符合地方实际的土地、税收、金融政策，吸引更多成熟的旅游项目落地，同时做好配套措施，有相应的资金、人才保障。

旅游行政主管部门要加强对景区规划、管理和服务工作的指导与监管，合理有效地开发利用旅游资源。制定县级政府旅游发展的所需资金、人才、就业等服务政策。对一些影响旅游市场秩序的问题一经发现立即整改，定期有序地开展执法联合检查，扼杀旅游隐患苗头。为提升群众的旅游幸福感，要在旅游公共服务设施上加强建设，主要围绕旅游安全保障、便民信息咨询、旅游交通设施、旅游服务中心建设等方面。通过构建多元化服务体系，来促进旅游经济的发展。

县级政府的国有景区，可以借鉴其他成熟地区的"三权分立"制。国有景区所有权归县级政府、管理权属景区管理委员会或旅游局、经营权由具体企业来运营，来最大程度地激发市场活力，提升旅游效能。同时实行领导包保重点旅游项目责任制，主动到一线推进旅游项目进展，发现问题进行解决，确保当地特色旅游项目的推进。此外，政府还要重视旅游产业和城市功能的融合，从旅游产业发展的角度统筹考虑城市公共服务体系建设，使城市公共职能更好地服务旅游产业发展。据此，县级政府的工作重点应放在如何提供更好的城市公共服务职能上。当然政府在旅游产业的发展中不仅仅是一个宏观监督的职能，更要起到一个指导和规范的作用。加大对企业的激励创新机制建设，完善相关考评和奖励政策。为企业的发展营造一个公平竞争的市场环境，强化旅游企业自身的责任与义务。让企业在政府宏观监督下，形成一种"竞争—合作—共赢"的发展局面。同时，旅游主管部门也要加强旅游诚信体系建设，将旅游企业、相关从业人员的诚信数据纳入国家社会信用体系建设中来，以进一步强化对涉旅旅游企业的监管。

（2）发挥旅游产业协会的组织协调作用

随着我国社会主义市场经济体制的不断建立与完善，实现国家和地方政府对旅游产业从微观向宏观的管理完善，旅游产业协会自身独立性将会得到恢复与明确，事实上这就是一个大的制度创新过程，而这一合理的制度安排必将推动整个行业诸多新的制度安排的设计和实施。

在县级政府层面，旅游产业要想构建一个多元化的治理主体，保障旅游产业的多层次长效发展，就必须重视发展旅游行业协会的积极作用。具体而言，是将一些原本在管制型政府下的职能交由旅游行业协会，例如制定旅游产业准则、建立市场联合体、发挥第三方旅游监督力量等。注重从多层面来吸收行业协会会员，鼓励公众参与到行业协会的监管当中来。对一些旅游行政机构人员在行业协会中的兼职情况进行清理，确保行业协会完全独立于政府行政部门。行业协会要设立自己的规章制度，保障成员单位遵照执行；同时可定期组织行业协会的内部交流研讨会等，来提升旅游产业的服务质量与管理水平。

（3）发挥社会公众的监督作用

充分发挥新闻媒体、旅游服务志愿者等第三方监督力量，通过招募志愿者聘请旅游质量管理监督员，组织明察暗访、旅游体验、督察反馈等方式，来对旅游市场和环境进行全方位的监督。通过每年开展的文明旅游志愿服务活动来推动旅游产业、窗口单位的创建文明活动。节假日社会志愿者印发文明旅游的宣传单页、拍摄文明旅游公益广告来大力倡导推广文明旅游。通过全面公开当地旅游景区、旅行社、星级酒店、乡村采摘点、工业旅游示范点等信息，引导游客选择规范、诚信、文明的旅游企业。

各涉旅企业也要积极配合上级政府委托的第三方机构开展的游客满意度调

查，来不断改进提升旅游服务水平。通过社会监督的力量，来推动当地旅游产业的发展。发挥社会监督的力量，通过文明城市的创建，号召动员社会力量的参与，积极投身旅游市场大环境的维护上。通过宣传引导，提高广大公众的文明旅游自觉性与主动性，强化文明旅游宣传引导，尤其注重镇村级别人员的教育，号召广大群众自觉抵制旅游违法行为，共同维护旅游市场秩序。同时注重引导企业诚信经营、加强行业自律，促进旅游景点、旅行社、星级饭店等旅游企业文明经营、守法诚信，勇于主动接受社会监督等。加强景区文明旅游宣传引导工作，引导游客文明出游、文明消费。通过各旅游机构的改革，充分调动社会公众的监督力量，既能促进旅游行政机构改革，又能更好地坚持为人民服务的宗旨理念。

4.完善旅游管理的相关配套制度

（1）制定出台具体的旅游管理条例

加快完善旅游行政部门的配套规章制度改革，修订其他相关职能部门的各项规章就具有重要意义。通过加强县级政府旅游执法、旅游服务质量的监督管理，加强涉旅机构的建设，建立旅游信用登记和评价制度，在全社会营造守法经营、诚信服务的社会氛围，用法律法规的手段来保障规范旅游产业的发展。用法律为旅游产业的行政管理体制改革提供良好的法治环境，进行政府职能转变，简政放权，推进市场的活力与动力。进行旅游市场综合执法监管也将有法有据。

（2）加强旅游执法队伍建设

建设一支强有力的执法队伍是保障旅游执法的有序开展的前提。要加强旅游执法队伍建设，制定严格的培训制度，相关旅游产业执法人员定期培训，主要采取集中学习和个人自学相结合的方式，学习旅游相关的各项法律规章制度习，不断提升业务能力。同时也要实行培训管理的考核考评，对旅游执法人员学习相关法律法规知识、业务执行情况、个人执法绩效实行常态化的管理考评，考评不合格的，进行重新学习或退出旅游执法队伍。同时，在旅游执法过程中，实行网格化管理，定人定岗定责，确保网格化责任落实到具体人员。用一支知法懂法、执法有利的队伍来保证旅游执法的顺利进行。

（3）推进旅游电子政务建设

积极推进旅游电子政务有助于旅游管理体制的改革。完善县级政府旅游行政信息管理系统，尤其是处于当下移动互联网飞速发展的时代，智慧城市的推进，需要积极建设旅游信息网，维护好政务服务平台、微博、微信等客户端，及时更新旅游咨询，将政府相关旅游政策第一时间予以发布，同时开辟留言信箱，广开言路渠道，积极听取广大群众对旅游产业发展的意见建议。同时要注重维护政府网站良好形象，传递的正确的价值观与世界观，不发布虚假不实信息；同时加大对旅游产业发展中的积极案例与形象的宣传，增强人民对我国旅游产业发展的荣誉感与信任感，促进我国旅游电子政务的整体进步。此外，还需要大力建设旅游人才队伍，挖掘培育优秀旅游专业人才，通过设立奖励激励机制，推动旅游自媒体的发展，借助当下抖音、快手等平台积极发布本地特色视频，提升当地旅游形象。规范导游管理制度，维护导游人员的合法权益，通过运用先进网络技术，培训和管理相关导游人员，统一培训提升整体从业人员素质。

（4）推动"互联网+旅游"的智慧平台建设

当前，我国正处于"互联网+"的各种热潮中，通过"互联网+"实现了很多跨越式的发展，而且"互联网+"旅游也是全域旅游发展的着力点。而现在很多地方也在推进智慧城市、智慧旅游的建设。县级政府可抓住这一契机，实施"互联网+旅游"战略，来打造智慧旅游管理平台建设，将辖区内各个A级景区、旅行社、星级饭店统一纳入监管平台中，而且随着"互联网+"深入，可以实现跨地区之间的资源信息共享。通过整合资源，实现资源最大限度的开发利用。同时，可利用"互联网+"来进行市场监管，让网络监控技术代替人来进行执勤站岗，让一切旅游违法行为无处遁形，保障执法准确率、提高行政效率，通过智慧监管平台的运用，也可倒逼旅游企业经营者提升服务安全意识，诚信经营，既提升旅游便利化水平又增强游客观感体验。通过"互联网+旅游"的智慧平台，实现旅游资源的共享，人手一部手机就可实现对各旅游景区景点的了解，让游客能在第一时间准确掌握信息进行安排活动，实现资源效率的最大化配置。

二、旅游管理新模式的实践案例

（一）乡村旅游融合模式的实践

下面以龙泉镇乡村旅游为例，从产业融合理论出发，解读乡村旅游融合模式。

1.乡村旅游产业与农业融合模式

（1）乡村旅游与农业融合模式

龙泉镇土壤肥沃，适合农作物以及瓜果生长。水源充足，多丘陵沟壑，适宜特色经济作物的种植。龙泉镇有着良好的农业生态环境，应充分使用当地的自然资源优势，将乡村旅游产业与生态农业进行深度融合，设置独具特色的农家乐，吸引大量游客前来，取其精华，去其糟粕，共同促进发展，引进先进的环保绿色农业和第三产业的相关项目，并将这些项目与当地特色的农业相结合发展。例如把当地特色的茶文化进行发展，逐渐形成特色农业和观光休闲农业，并且进行农业产业结构转型，由传统的农业结构方向转为新兴的绿色环保农业和农业体验活动。龙泉镇现行的农业旅游项目主要有农业观光、休闲采摘、农园体验三种基本类型。游客在果园里亲自采摘各式各样的鲜果，在茶园体验采茶、炒茶、品茶、参观绿茶种植基地，感受农民生活，体验茶文化。

（2）龙泉绿茶基地

龙泉绿茶基地位于烟台市牟平区龙泉镇东汤村，建成生态茶叶种植区、农业观光采摘区、品茶休息区、现代化加工厂区等多个功能区。基地将茶文化融入茶叶种植全过程，大力发展茶文化产业。建设了茶叶加工车间、茶艺展厅和品茶室，打造了集茶叶生产、销售、茶艺表演于一体的"茶文化"休闲观光场所。

龙泉绿茶基地着力发展茶文化产业，并且将茶文化贯穿在茶叶种植的整个流程中。龙泉绿茶基地设有茶叶加工车间、茶艺展厅和品茶室，在此基础上打造茶叶生产、销售、茶艺表演的一体化茶文化休闲观光场所，能够让游客亲自体验到茶文化的底蕴。在龙泉镇，有很多村庄的产业经营方式与东汤村的烟台绿茶基地类似。在官道北村，打造玫瑰花种植基地；在河里庄村，引导村集体发展核桃、板栗等干杂果300亩。通过发展乡村旅游与农业融合的经营模式，使前来游玩的游客享受丰收喜悦，体验了农业旅游的乐趣，为龙泉镇传统农业的转型升级拓宽了新思路。

2.乡村旅游产业与康养业融合模式

龙泉镇得天独厚的资源便是温泉，龙泉温泉水层较浅，有着很大的水量，水温适宜，地热泉水的温度大约是56℃，pH值为8.4，呈弱碱性，其中含有多种矿物质，对人体非常有益，有着显著的医疗效果，是胶东地区有名的天然温泉。温泉资源是龙泉镇的特色自然资源，利用龙泉镇的温泉资源，打造生态康养旅游品牌，能够吸引大量游客前来体验，为龙泉镇的经济社会发展贡献力量。

温泉资源是龙泉镇得天独厚的特色资源，温泉资源的开发能为龙泉镇的旅游发展拓宽思路。龙泉镇旅游产业结构的完善，也能为当地的康养带来更大的旅游吸引力。两者之间互动融合，为龙泉镇发展乡村旅游产业、增强旅游拉动力、发展县域经济、带动当地村民就业产生强大的推动力。龙泉镇应该紧随乡村振兴政策，发展小镇的特色产业，不断推动温泉资源的发展，加快温泉小镇的建设步伐，推进龙泉镇经济高质量发展。

3.乡村旅游产业与自然人文融合模式

近年来，龙泉镇重点利用历史人文与自然景观优势，增进文化产业与自然景观的投入力度，加快开展乡村民俗文化旅游活动，吸引了大批的游客前来参观体验。从产业融合的角度来看，龙泉镇发展乡村旅游产业与人文、自然景观融合模式，必然会吸引一批文化企业前来参与建设与宣传经营，使得传统文化可感知、可体验。同时，特色文化旅游产品热销，可以促进产业结构不断完善，利于历史文化与自然保护工作的开展。

龙泉镇河北崖村建于明代，有着悠久的古村落历史。近年来，河北崖村借助独具特色的胡同文化，开发精品旅游活动，发展"胡同村"的特色旅游项目，举办逛胡同赶大集主题文化活动，迎接四方来客，引导游客了解当地传统文化，为当地传统文化产业发展贡献力量。越来越多的市区居民慕名而来，体验河北崖村淳朴的民风、欣赏古朴的村落景观。在旅游产业集群方面，河北崖村与双百山互相依托，开展独具特色的状元文化，采摘节、研学游等活动。以将军谷优异的生态环境为基础，创办甜杏采摘节和山谷踏青活动、将军谷露营等活动，打造了以景为媒、以节会友的特色旅游模式。

河北崖村在尊重自然、保护生态的基础上对特色文化产业进行规划开发。与马家都、龙泉汤等相邻的旅游村之间互相合作，形成一个特色文化旅游片区。以各村的传统特色为基础，量身定做出符合本村实际的特色旅游项目，例如胡同文化节、温泉游泳比赛、传统文化研学游等系列活动。以自然人文旅游景区为媒介，以节会友，使让每一位前来旅游的游客，都有机会参与到特色的文化活动之中。将"拥抱自然""回归自然"作为宣传的口号，开发旅游文化产业的同时保护好自然的景观，调动游客参观游览的积极性。保留景区的原汁原味，让游客能够找到真正纯粹的记忆中的春天。

4.乡村旅游产业与采摘业融合模式

龙泉镇多山地，这一独特的地形水土条件决定着当地以林果种植业为主要耕作形式，当地的居民基本上是户户有果树，村村有果园。龙泉镇"因村制宜，因势利导"打造新型林果产业，发展乡村旅游采摘体验活动采摘业，丰富了龙泉镇林果业的盈利模式，助推乡村传统产业的空间重构与多产融合。

汤西村充分利用山地的林果种植优势，建设出了一系列的特色种植园，提高游客的旅游体验感，为游客带来沉浸式体验。景区设计了一系列的旅游项目，开创庄园开发新模式，游客可挑选土地认领作物。这在增强旅游黏性的同时，提高了游客再次光临的可能性。节假日期间，旅游景区人来人往，游客在活动中放松身心、品尝健康食品、体验采摘乐趣。

5.龙泉镇产旅融合模式发展的建议

龙泉镇乡村旅游产业经过不断探索实践，已经成为当地发展县域经济的重要组成部分。以产业融合为指导方针，对龙泉镇经济的发展、产业结构的转型升级具有积极的推动作用。龙泉镇产旅融合模式发展的建议如下：

（1）开拓发展模式，促进产业融合

龙泉镇的乡村旅游产业与当地的一、二、三产业中的相关产业关系十分密切。三产融合的发展要借助乡村旅游产业来进行，以此提升产业结构的转型升级的效率，敦促各产业间的相互联动。产业间的融合也使龙泉镇的旅游产业更具吸引力，丰富了乡村旅游的内容和形式。因而龙泉镇应把握资源优势，依托现有的旅游品牌，不断开发新的旅游项目、旅游产品凸显产业融合效能，多方位地促进旅游产业与各类产业融合互动发展。

（2）丰富项目内容，创新融合发展

乡村旅游的发展应当建立在当地的特色产业的基础上，形成与市场需求相对应的产业链，其规模才能不断发展壮大。在发展乡村旅游时以创新为驱动力，可以激发经济活力，促进当地的一、二、三产业趋向融合发展。龙泉镇以创新经营的方式来激发镇域内乡村旅游的活力，促进产业融合，提高经济效益和当地的旅游品牌效益。

（3）整合旅游资源，增强旅游拉力

具体策略包括：①拓宽宣传渠道，增加项目吸引力；②创新发展理念，整合旅游资源；③加快产业协作，促进产业融合。

（4）完善旅游环节，提高景区质量

龙泉镇乡村旅游与传统产业融合发展模式的完善、旅游产业发展，需要以乡村旅游产业为核心，带动相关产业与产业各环节共同参与、共同努力。具体策略包括：①加强政府引导服务；②完善基础设施建设；③提高乡村旅游从业人员素质；④提高景区景点的服务质量。

（二）手工业与旅游产业融合发展模式优化

下面以丹寨县为例，解读手工业与旅游产业融合模式。丹寨是中国"非遗之乡"，聚居了苗、汉、水、布依等 21 个少数民族，文化积淀厚重。其中，苗族蜡染技艺、皮纸制作技艺、鸟笼制作技艺、苗族服饰、苗族银饰锻制技艺等均有较高市场前景。丹寨县手工业与旅游产业融合，实际上是基于产业关联度形成的。在两个产业存在高度关联的情况下，从"技术"、产品、市场、产业组织等方面逐渐的相互渗透，形成产业融合。丹寨民族手工业与旅游业融合发展的机理最突出的特点，是充分发挥民族手工业和旅游业的扩散效益，多产业融合发展。因此，手工业与旅游产业的融合发展模式构建不仅仅应当关注旅游目的地自身的因素，同时要关注非旅游目的地因素的影响。要善于利用内因和外因之间的关系，形成良性循环。

1.手工业与旅游产业融合发展模式优化的原则

（1）发挥旅游目的地的主体作用，调节内在因素影响

旅游目的地是旅游活动的载体。从扎根理论研究方法所得模型可以看出，它的质量直接影响游客的旅游体验。没有一个优质的旅游目的地游客就不会有良好的旅游体验。

在景区管理中突出传统手艺人的地位，能够增加传统手艺人的参与积极性。尊重本地区的文化认同，传统手艺人作为自己传统文化的传承人，对自己的传统文化有较强的认同感和较为深刻的了解认知。手工的制作对游客和对当地人有着不同的意义，对游客来说这是满足他们文化旅游需求提升体验感的一个途径，但对当地人来说就是他们自己"民族身份"中的一个部分。

强调手艺人的主体地位，是出于对文化原真性的保护。手艺人是手工业技艺传承和发展中的主体。"手工"是"手的工作"。作为一类特殊的产业，手工不通过手艺人的双手就无法展现其技艺之精妙。强调手艺人的主体地位，充分尊重

手艺人在整个手工业与旅游产业融合中的意愿，才能激励手艺人发挥他们的主观能动性，创造出更多优秀的作品。同时也是转变一些年轻人传统职业不如现代化职业的错误观念，鼓励更多年轻人从事手工业，传承传统技艺。

游客素质在不断地提高，越来越多的人在旅游之前就对旅游目的地有了一定的了解，也追求更有意义、更有价值的深度的旅行体验。因此，突出手艺人的主体地位、保护传统手艺的原真性和文化价值，就更为重要了。

（2）充分发挥旅游产业和手工业的扩散效应

手工业与旅游产业融合会促进丹寨文化旅游产业的发展，从回顾效应来看会带动旅游地餐饮、住宿、交通等服务业和其他特色产业发展；从旁侧效应看，不仅会刺激旅游地经济发展，拉动旅游地投资、消费需求，还会给旅游地居民带来新的就业机会；从前侧效应来看更是派生了展演旅游、体育旅游、节庆旅游等新的业态和民宿、代购等新行业。其产业的扩散效应是非常显著的。

2.以市场为导向，合理利用外在因素影响

（1）以游客需求为导向

吸引游客的能力是评价一个旅游景区、旅游产品好坏的最好标准。游客是一个旅游活动最重要的主体，游客不愿意离开常住地到景区去，旅游活动就无法开展，而手工业与旅游产业融合就更无从谈起。而随着"体验经济"的兴起，旅游体验感也成为游客吸引力的关键所在。旅游体验是一种心理现象，是指在旅游世界中的旅游者与旅游地当下的旅游情景互动时产生的心理水平的改变，愉悦的程度最终反映着旅游体验的质量，成为游客评判一个旅游地的最常用标准。游客体验在整个关系模型中起着非常重要的关键作用。

只有明确以游客为导向，综合分析影响手工业与旅游产业融合的各项因素，在此基础上进行手工业与旅游产业融合发展模式优化才是符合市场需求的、真正适用于促进手工业与旅游产业融合发展的。

（2）以宏观环境变化为导向

手工业与旅游产业融合发展模式的形成不仅仅受游客、旅游从业者、手工业从业者这些旅游活动中的直接主体的影响，也受宏观环境的影响。

第一，产业融合也是市场经济发展的必然结果，如前所述，无法适应产业融合宏观趋势的传统产业将在竞争中失去市场地位，在市场中失败。

第二，管制放松和环境改变本身就是融合产生的条件之一。随着交通、信息技术等条件的改善，全球宏观环境和旅游产业市场环境在发生变革，新兴旅游产业的高速发展，等等。这些变化都会使产业融合的主导因素及基础条件将在更大产业经济范围内显现并发挥作用，从而使手工业与旅游产业融合发展进一步拓展化，引发新的产业革命。

第三，宏观环境虽然不是参与旅游活动的主体，但旅游活动中主体的作用实际上都受宏观环境的影响。因此，在优化丹寨县手工业与旅游产业融合发展模式的过程中，必须重视宏观环境变化，把握市场和产业的变化趋势。

（3）强化整体性思维，灵活运用因素间的关联性

整体性思维又称系统思维，它认为整体是由各个局部按照一定的秩序组织起来的，要求以整体和全面的视角把握对象。要把想达到的结果、实现该结果的过程、过程优化以及对未来的影响等一系列问题作为一个整体系统进行研究。

3.促进手工业与旅游产业融合发展模式优化建议

（1）优化手工业与旅游产业融合发展的市场环境

第一，加强对手工业旅游商品市场的监管。市场监管部门应当对进入旅游商品市场的"手工业"产品加强监管。加强针对手工业品的原创保护，应联合各手工业产业组织，制定合理的手工业行业标准。

第二，扶持小微企业。在资金与平台等方面，给予小微企业更多的扶持。

第三，做好产业规划和布局，促进多个产业的互动融合。根据宏观环境的变化趋势调整产业布局和战略规划，对现有的规划进行回头看，看看完成的进度，以及取得的效果，找出发展规划当中存在的问题，及时作出规划调整。制定符合自身情况的手工业与旅游产业融合发展战略规划。随着旅游产业的发展，游客的足迹逐渐由景区走向社区，丹寨旅游产业发展的战略规划也在从景区旅游、集中展示向全域旅游转变。在这样的背景下，未来生产生活功能区都可能会变成旅游区。在进行产业布局时要考虑到这一点，尽可能地在城市中能够形成一条旅游线路。

（2）培养手工业，丹寨文化旅游的高速发展

丹寨为支持优秀的手艺人创建自己的品牌——"云上丹寨"，通过品牌管理，培养手工人才，促进丹寨文化旅游的高速发展。"云上丹寨"品牌管理包括：①突出地区特色，增加辨识度。如运用丹寨蜡染图腾与苗族的锦鸡文化，形成丹寨旅游的动漫"吉祥物"。②加强区域内旅游景区的统一性。在大小每个景

区都放置有"云上丹寨"标识的识别物，并投放同样的"云上丹寨"宣传资料；开设微信公众号，设置"一卡通""一码通"的形式，进入丹寨所有的旅游景区，观看丹寨所有的展演。近年来，"云上丹寨"作为地区品牌在国内旅游市场中已经有了一定的知名度。为了利用好这一优势，发挥更好的品牌效应，应当做好"云上丹寨"品牌的手艺人培养。

第一，提高手艺人的参与积极性。充分考虑手艺人的意见，尊重他们在手工业发展进程中的主体地位，同时也尽量满足他们的发展需求。

为鼓励手工业的发展，丹寨县会举办很多例如"锦绣计划"一类的手工业技能培训。对手工业的培训不仅仅应当培训他们的技能，更应该用一些带启发式的方式，让他们去感悟如何运用这些技艺去展现一个民族的精神文化，如何富于蜡染作品更多的文化价值。

第二，引进有现代化旅游管理经验的专业人才。制定针对性较强的人才政策，要形成各级各类旅游人才成长体系，尽量提高引进人才的待遇，给予新引进的人才足够的成长空间和更好的平台，给予足够的关怀，培养他们对丹寨的感情。另外也要形成预警机制，和高校建立良好的合作关系，留足人才资源后备。

第三，加强本土人才培养。在基础教育、素质教育中要更重视加入特色文化；要多开展传习、研学等活动，加强传习所、研学基地的建设，走"产、学、研、游"一体的道路。从手艺人来说可以激发其工作的积极性，提高其工作效率，从地区和手工业与旅游产业企业来说，可以节约人才招聘成本、发展活力足、发展势头强劲，更能创造更多的价值。为手工业与旅游产业融合发展提供人才支撑。

（3）创新手工业与旅游产业融合产品供给

在保护文化生态的基础上，整合优质资源，合理开发利用；明确不同手工业旅游项目的定位和细分；利用好流行的"效应"。

（4）塑造文化旅游地区品牌

近年来，丹寨文化旅游的高速发展，"云上丹寨"作为地区品牌在国内旅游市场中已经有了一定的知名度。为了利用好这一优势，发挥更好的品牌效应，应当做好对"云上丹寨"的品牌管理。

第一，在地区整体的品牌规划和设计上，要更加有辨识度。提高品牌的识别度，需要在宣传口号、品牌标志等设计上体现丹寨的特点，增加能让消费者产生对品牌美好印象的联想物。

第二，在品牌的管理上，应当加强区域内旅游景区的统一性。"云上丹寨"作为整个丹寨的旅游品牌，每一个景区就是它的一个组成部分。要加强整体的统一性，才能维护好整个品牌。

第三，做好社区治理，维护地区形象。优化社区的设施与精神文明建设；关注旅游需求的变化趋势，抢占空白市场。

（5）提高对民族手工文化的保护意识

从整个国家层面加强宣传普及，完善民族手工文化保护的法律法规，纳入景区日常管理。

结束语

　　随着我国国民经济的进一步发展，我国旅游产业与管理也在不断地改变。为了实现其可持续发展，就必须加强旅游产业发展与管理创新，这在促进我国整个市场经济发展的同时，也大大地丰富了人们的日常生活。在创新旅游产业发展与管理的过程中，需要充分结合我国旅游产业的发展趋势，遵循其发展规律和原则，根据实际情况加强构建管理体制与模式。这样才能够进一步完善我国旅游产业发展与管理，促进我国旅游产业健康、持续发展。

参考文献

一、著作类

[1]林源源.区域旅游产业经济绩效及其影响因素研究[M].南京：东南大学出版社，2013.

[2]汉思.旅游管理创新理论[M].长春：吉林文史出版社，2019.

[3]江金波，舒伯阳.旅游策划原理与实务[M].重庆：重庆大学出版社，2018.

[4]解程姬.旅行社经营与管理实务[M].北京：北京理工大学出版社，2018.

[5]李芸，董广智.旅游概论[M].南京：东南大学出版社，2018.

[6]卢剑峰.旅游企业社会责任、变革、创新与绩效关系研究[M].沈阳：东北大学出版社，2018.

[7]罗敏.新时期旅游产业发展与变革[M].北京：北京工业大学出版社，2019.

[8]王丽华.旅游产业项目实务[M].北京：旅游教育出版社，2019.

[9]王学峰.旅游概论[M].北京：北京交通大学出版社，2019.

[10]吴国清，申军波.智慧旅游发展与管理[M].上海：上海人民出版社，2017.

[11]谢春山.旅游理论的多维研究[M].北京：中国旅游出版社，2018.

[12]杨振之，周坤.旅游策划理论与实务[M].武汉：华中科技大学出版社，2019.

[13]张华，李凌.智慧旅游管理与实务[M].北京：北京理工大学出版社，2017.

二、期刊类

[1]白凯，王馨.旅游资源分类、调查与评价 国家标准的更新审视与研究展望[J].自然资源学报，2020，35（7）：1525.

[2]陈旦旦.全域旅游背景下县级政府旅游管理体制存在的问题及对策研究[D].济宁：曲阜师范大学，2020：11–37.

[3]陈佳琳.数字经济驱动下云南旅游产业创新研究[D].昆明：云南大学，2020：21–34.

[4]丁笑蕾.数字时代移动支付适老化研究[J].老龄科学研究，2022，10（3）：68.

[5]方远平，阳玉珍，毕斗斗.信息技术对旅游产业创新影响研究述评[J].旅游研究，2018，10（3）：18–30.

[6]郭加玉."互联网+"视角下呼包鄂地区旅游产业创新发展研究[D].呼和浩特：内蒙古师范大学，2017：15–40.

[7]郭峦.基于产业融合路径的旅游创新产生机理[J].江苏商论，2011（11）：110.

[8]韩泳.智慧旅游助推旅游产业升级的思考[J].商展经济，2022（7）：30.

[9]胡生军，聂滔.四川区域经济差异与协调发展分析[J].合作经济与科技，2015（22）：44.

[10]康婷.移动支付时代对旅游供需双方的影响[J].当代旅游，2019（7）：19.

[11]李曙.连云港市旅游管理体制中的问题与对策研究[D].北京：中国矿业大学，2019：10–35.

[12]李涛.中国乡村旅游投资发展过程及其主体特征演化[J].中国农村观察，2018（4）：132.

[13]刘姗姗，王新爱.基于服务主导逻辑的海南旅游产业服务创新研究[J].经营管理者，2019（5）：100–102.

[14]刘亚军.移动电子商务对旅游产业的影响及对策[J].商业经济，2004（1）：78–80.

[15]卢嘉骏.Y旅游公司O2O商业模式研究[D].昆明：云南财经大学，2022：12–34.

[16]苏珊.在线旅游盈利模式研究[D].北京：北京交通大学，2021：12–47.

[17]谭阳洋.旅游产业高速发展背景下旅游管理体制改革问题研究[D].长沙：湖南大学，2019：12–47.

[18]万童蛟.旅游类影像产生的"凝视"效应[J].视听，2018（12）：203.

[19]王丹.旅游产业对经济发展的作用研究[J].西部旅游，2022（5）：19.

[20]王芳.山东省旅游产业与科技创新耦合关系研究[D].济宁：曲阜师范大学，2020：13-44.

[21]王海栋.旅游管理体制与海岛县旅游经济发展研究[D].大连：辽宁师范大学，2021：20-43.

[22]王新洁.龙泉镇乡村旅游与传统产业融合发展模式研究[D].烟台：烟台大学，2021：21-47.

[23]王艳辉.移动商务环境下旅游产业链中企业价值增值研究[D].唐山：华北理工大学，2017：20-37.

[24]肖美玲.面向中国市场的东南欧特色生态旅游产业商业模式研究[D].南京：东南大学，2020：15-25.

[25]谢号珍.文化旅游型特色小镇PPP模式回报机制研究[D].石河子：石河子大学，2021：10-33.

[26]徐海峰.旅游产业与区域经济协调发展研究——基于系统耦合与协同理论以浙江省为例实证分析[J].北京劳动保障职业学院学报，2018，12（4）：37.

[27]游庆军.我国当代度假旅游发展研究[J].西部旅游，2021（2）：29.

[28]余开远.论人本理念是现代旅游业发展的新趋势[J].生态经济，2002（12）：54.

[29]袁正新，袁健子，张彩迪.张家界旅游管理体制创新的路径分析[J].旅游纵览（下半月），2017（22）：113.

[30]郑明玮.丹寨县手工业与旅游产业融合发展模式研究[D].贵阳：贵州民族大学，2021：15-34.

[31]钟小东.我国数字经济与健康旅游产业融合发展的策略研究[J].西部旅游，2021（7）：75.